江恩
华尔街选股智慧

（美）威廉·D.江恩（William D.Gann）/ 著

李文道/译

海天出版社（中国·深圳）

图书在版编目（CIP）数据

江恩华尔街选股智慧 / （美）江恩（Gann, W.D.）著；
李文道译. — 深圳：海天出版社，2015.9
（罗宾金融交易培训文库）
ISBN 978-7-5507-1371-0

Ⅰ.①江… Ⅱ.①江… ②李… Ⅲ.①股票投资—经
验—美国 Ⅳ.①F837.125

中国版本图书馆CIP数据核字(2015)第094841号

江恩华尔街选股智慧

JIANGEN HUAERJIE XUANGU ZHIHUI

出 品 人　聂雄前
责任编辑　顾童乔　张绪华
责任技编　梁立新
封面设计　元明·设计

出版发行　海天出版社
地　　址　深圳市彩田南路海天综合大厦7-8层（518033）
网　　址　www.htph.com.cn
订购电话　0755-83460202（批发）　83460239（邮购）
设计制作　深圳市线艺形象设计有限公司　0755-83460339
印　　刷　深圳市希望印务有限公司
开　　本　787mm×1092mm　1/16
印　　张　16.25
字　　数　202千
版　　次　2015年9月第1版
印　　次　2015年9月第1次
定　　价　39.00元

CONTENTS
目 录 江恩华尔街选股智慧

第 1 章

股票的新时代，或改变的周期

江恩／华/尔/街/选/股/智/慧

江因 华/尔/街/选/股/智/慧

    1927 年至 1929 年前半年，大多数人都在探讨股市的新时代和联邦储备银行在预防经济萧条上发挥的作用。多数经济学家、银行家、大型金融机构和商人都在谈论，像 1907 年或者更早的时候因为货币问题而引起的大恐慌已经是过去时了。这时，这些人正在讨论金融市场和股票市场最美好的时代。但他们好像已经忘了发生在 1920 年和 1921 年的事情了。在 1919 年的大牛市后，由于"冻结信贷"和货币紧缩的原因，股市在 1920 年和 1921 年下跌。

    联邦储备银行那时就已经成立了，但也没能制止自由债券的下跌，下跌到了 85 美元左右，大量股票也跌到了 1914 年"一战"前到现在的最低水平。下面是一份从 1927 年 11 月 28 日的著名报纸上节选下的一篇题目为《再见，经济周期》的文章。

    "经济周期这个魔鬼基本上已经无法再引起大家的恐惧了。科学管理的措施已经彻底消灭了这个鬼怪。在几年之前，我们常常会听到很多和经济的繁荣与萧条是循环的观点。说这些观点的那些'预言家'们都是故步自封的，他们喜欢聊起经济周期，而且还警示工业和金融业。他们这些'预言家'把经济的波动比做大海中的波浪，更高的波峰就意味着更低的波谷。他们认为这个关于海浪的常识和经济的波动是同一种道理的。长久以来，他们妖言惑众，使大家对此感到恐惧，然而他们却从中牟取了利益。

"但是，这个咒语已经被解除，他们语言的伪装已经被剥除。每个行业的商人都不再被他们迷惑。商人知道了'经济周期'不过是用来吓唬人而已，只要自己稳健地经营自己的生意，就不会存在'经济周期'。想要走对方向，一定是要具备常识、合作和准确判断的基础。尽管还有个别人仍然在谈论着'经济周期'，就算是他们将自己的喉咙喊破，'经济周期'的咒语仍然无效，经济仍然是在繁荣地发展，这几年一直没出现过周期变化，就连变化的一点风吹草动都没有。经济的繁荣发展，都是有一定的基础的，商人们知道了要怎样去做生意。"

很容易就能发现这篇文章的作者是多么的自信，他的文章中的结束语是："经济的繁荣发展，都是有一定的基础的，商人们知道了要怎样去做生意。"我并不怀疑这位作者的诚实和认真负责，但他不是不知道事情真相就是能力有问题。他看得不够远，不知道在股市和经济中历史会重演。

1929 年的深秋，历史上最严重的股灾开始了，之后就是经济萧条，这证明了周期循环理论，当我们好像进入了新时代，其实我们还是在重复循环着战争之后每过几年就会出现的旧周期或者状况。

在周期上，交易者是怎么被欺骗的

在 1921 年一直到 1929 年的牛市，华尔街的很多有经验的老手，都像一个新手一样，犯了一个十分严重的错误。

大多数人从没研究过 1901 至 1921 年股票的记录——并且他们中的一些人从没回顾过这些记录——他们只是从别人写的东西或者

说的话中得出自己的决定，一个牛市是从没运行多于两年的。这是一种错误的观点，这种观点使很多交易者发生了严重的亏损。1921年至1923年，一直是在上涨的。1924年开始下跌，当柯立芝先生当选总统之后，股市又开始上涨，1925年继续上涨，之后，交易者依照以前的老规则认为牛市已经结束了，便卖出做空了，结果出现了严重的亏损。在这次牛市里，他们常常会逆市交易，觉得每次创新高后都会形成最后的顶部，但有些股票一直上涨，直到1929年。许多拥有足够经验的交易者都在这次的牛市行情快结束的时候，出现了巨大的失误，而这个错误比之前的错误更为严重，他们在1929年牛市快结束的时候转为做多，并且买入了股票，结果承受了极大的亏损。

现在，共有1500只股票在纽约股票交易所挂牌，但在1924年的时候，上市公司的数量大概只有现在的一半。新的板块形成了，新的龙头股也逐渐步入前沿；新的百万富翁被新的形势造就，同时以前的百万富翁也消失了。曾经的股市明星没能顺应形势修改自己以往的操作策略，结果就是破产了。根据报道，利弗莫尔测算了1924年和1925年的平均指数，并且他发现价格太高了，然后就按照规则卖出做空，在赔了不少的一笔钱之后割肉离场。他在1927年的时候，再次尝试进行交易，但由于没能把握好时机，只能离场认赔。最终，在1929年的时候，他再次出手做空，在股灾中赚了一大笔钱。

1814年至1929年的恐慌

在具体介绍在华尔街发生的最严重的股灾成因前，回顾一下美国和华尔街在这么多年中发生的恐慌和其成因是很重要的。

出现恐慌的成因很多，而其最主要的因素就是由信贷规模扩大和过度的投机行为导致的高利率。还有一些其他的原因，像没有被市场消化吸收的股票或债券、物价和外汇价格较低、商业中和股市中的过度交易、银行倒闭、进出口贸易和银、铜铁等基础商品的价格。假如经济繁荣已经持续了相当长的一段时间，并且股市也一直上涨了几年，大家就会过度自信；在股市和商业中的行为已经和赌博差不多了。大家都非常乐观，疯狂，并且持续买入，一直到所有都超过了限度，股价高到公司的经济情况和盈利能力都不能支撑了。到了这种情况后，货币就会紧缺；银行大量放出的贷款流入股市进行交易，很快就会受严重的抛压影响，一直到任何事情的负面影响的到来，什么都将结束。

1814年，恐慌的主要原因是出口业务过少和贷款过度。

1818年，恐慌的主要原因是货币状况，很多银行贷款过度。

1825年、1826年，恐慌的主要原因是英国的利率、贴现率过高；物价下跌，棉花价格的下跌最严重。

1831年，恐慌的主要原因是利率过高、贷款过度并且企业发展过度。

1837年、1838年、1839年，恐慌的主要原因是投机过度和货币紧缩，银行只能停止金属货币的支付和兑换。在1839年的时候，银行倒闭的数量创出历史新高。

1848年，恐慌的主要原因是银行数量的增加和纸币流通增加，使国家经济繁荣的主要商品的价格下跌，下麦、玉米和棉花下跌最严重。

1857年，恐慌的程度创出历史之最，其主要原因是纸币流通过度。当时流通1美元的金银币就会流通8美元的纸币。银行大量倒闭，没倒闭的银行只能推迟支付。

1861年，恐慌的主要原因是南北战争。

1867 年的华尔街

　　1864 年，恐慌的主要原因是战争、经济萧条和货币紧缩。那时，尽管股价正在上涨，但股市里充斥着大量的贷款。

　　1869 年，恐慌的主要原因是当年 9 月的时候，华尔街发生了"黑色星期五"事件。南北战争结束后，股价已经非常高了，这时还有大量的长线投机交易。那时的利率是自 1857 年、1860 年以来最高的。

　　1873 年，恐慌的程度是自南北战争之后最为严重的，主要原因是战争造成的各种遗留问题。过度投机也是其主要原因，当时的利率非常高，创出自 1857 年以来的新高。1873 年 9 月 18 日，J·Cook、国家信托公司（National Trust Company）联合信托公司和其他银行的破产，使金融问题更加严重。1873 年 9 月 20 日，纽约股票交易所自成立以来，首次停止交易持续了 10 天，一直到 9 月 30 日才恢复交易。那时的贴现率是 9%，大量的银行推迟支付。

1884 年，恐慌的主要原因是股市的过度投机行为；黄金从欧洲大量流出，使储备量急剧减少。那时，出现了几例重大的倒闭事件，包括格兰特—沃德公司（Grant & Ward）的倒闭。在恐慌的前几年，短期借款利率非常高。1882 年，短期借款利率为 30%，1883 年为 25%，1884 年为 18%。

1890 年，恐慌的主要原因是过度投机和货币利率过高。1889 年，短期借款的利率为 30%，1890 年增加到 45%。同时期货的价格下跌到了自南北战争以来的最低点，这就加速了经济萧条。在伦敦的巴林兄弟（Baring Brothers）的破产也加速了恐慌。

1893 年，恐慌的主要原因是货币利率过高。1892 年，短期借款利率为 35%，1893 年又增加了 15%。商品期货的价格过低，小麦、玉米和棉花最为严重。

1896 年，恐慌的主要原因是布莱恩白银的恐慌和大家对金本位的稳定的担心。同时，商品价格过低也是重要的因素，国家整体的经济状况很差而且已经持续了好几年了。短期借款利率为 125%，是自南北战争以来最高的。8 月 8 日，平均指数形成大底，之后开始上涨。在麦金莱当选总统后，股市开始了"麦金莱繁荣时代"，这在当时是有史以来最大的一次牛市。

1901 年 5 月 9 日，恐慌的主要原因是北太平洋公司的垄断事件。虽然恐慌过后，股市开始反弹，但是平均指数持续几年一直下跌。

1903 年、1904 年，恐慌的主要原因是部分证券没能被市场消化，和政府的政策对铁路板块进行打击。1903 年短期存款利率为 15%，但 1904 年的时候短期存款利率为 1%，而且在当年，短期存款利率没有超过 6%。在罗斯福（Roosevelt）当选总统之后，经济状况在1904 年下半年开始回暖，1905 年和 1906 年展开了一波牛市行情，在 1906 年的时候，股市涨到从"麦金莱繁荣时代"开始后的最高点。

1907 年，这年的恐慌被叫做"有钱人的恐慌"，恐慌的原因是高利率、过度投机和推行反垄断（托拉斯），并且已故的西奥多·罗斯福总统和立法部门通过大棒政策打击铁路公司。1907 年 10 月，短期存款利率涨到 125%。全国的银行都只能暂停支付。

1910 年至 1911 年，恐慌的主要原因是《谢尔曼反垄断法》（Sherman Anti-Trust Act），那个时候也被叫作反垄断时期。标准石油公司（Standard Oil Company）被责令解散，并且同时还诉讼要求美国钢铁公司解散，后来该公司破产。1910 年，短期存款利率为 12%。7 月的时候，股价下跌到了最低点，1911 年，经济状况好转，短期存款利率一直小于 6%。

1914 年，恐慌的主要原因是"一战"爆发，这也使纽约股票交易所从 7 月 31 日至 12 月 15 日关门停业。就算战争不会出现，股市的恐慌和经济的萧条一样不能避免，这是由于商品期货的价格已经下跌到很多年中的最低点了，同时经济状况整体都很差。1912 年的短期存款利率为 20%，这已经很高了，在 1913 年和 1914 年的时候，短期存款利率都为 10%。在"一战"爆发的时候，欧洲持有美国大量的股票，这次抛售使得纽约股票交易所被迫关门停业。

1917 年，恐慌的主要原因是，战争刺激了经济繁荣，从而使投机过度。因为战争的爆发，美国得到了大量的货币和订单，商品期货的价格上涨，促进了经济状况的发展，经济状况进入了一个繁荣时期。1916 年秋季，股价涨到最高点，大家疯狂地进行投机，短期存款利率涨到了 15%。之后出现了大抛售。

"一战"结束之后，1919 年又出现了过度投机，股价在 1919 年 11 月的时候涨到最高点，之后是恐慌性的下跌。1919 年 10 月和 11 月，利率为 30%，1920 年秋季为 25%。

1920 年、1921 年，恐慌的主要原因是"信贷冻结"和商品期货的价格下跌。全国商人都持有大量的高价商品期货，银行也有大量的贷款。1921年的恐慌过后，迎来了长期的繁荣。

1922年至1928年，短期存款利率没有大于6%，1924年、1925年的短期存款利率只有2%。从华尔街来说或者从股市上来说，1923年、1924年都不能说是发生了恐慌。这两年只能说是在调整，或是休整的时期，之后股市展开了大牛市行情。

1924年11月，柯立芝总统在选举中又获胜并当选总统，经济状况发生好转。长期货币宽松政策和商业扩大促使股市展开了历史上最大的牛市行情，这是包括1869年9月结束的那次牛市和1898年至1906年"麦金莱繁荣时代"的牛市，运行时间最长的牛市。

1929年华尔街的恐慌——起因是因为大家都在进行疯狂的赌博，而且还有外国的交易者，他们也在一起进行疯狂的赌博。世界各地的交易者都在美国的股市里下注，不管价格高低，持续不断地进行买入，账面利润在短期内迅速增加。不管是女服务员还是千万富翁，全都进入股市进行赌博，大家都停止了以前的工作，都去关注报价机的报价。极短的时间内出现了一批新的百万富翁。大家忽视了自己的生意，因为大家认为从股市中赚钱比做生意赚钱更加容易。

有史以来，从来没有出现过这样疯狂的投机。经纪人的贷款不断加大，一直到超过了80亿美元。保守估算，在股市中没有偿还的贷款总数超过了300亿美元。在市场在最高点的时候，纽约股票交易所中，全部股票的市值超过1000亿美元。

1928年，债券价格下跌，利率上涨，这就是预示着牛市行情即将结束的第一个信号。1928年，短期存款利率为13%，1929年的时候为20%。大家没有人听美联储发出的警告。

1929年，纽约股票交易所发行新股的数量超过以前的任何一年，这些股票都需要大量的资金用来支撑。这次牛市的最后上涨阶段的时间非常短，连一次调整、像回事的下跌、有序的抛售都没出现。在大家都大量买入后又开始卖出的时候，却没人愿意买入，所以崩盘无法避免。下跌幅度是有史以来最大的一次，大家承受的亏损也是最大的。而这次恐慌造成的危害对穷人和富人来说没有任何区别。千万富翁和弱小的人都是一样承受着。500万美元、1000万美元、2500万美元、1亿美元甚至更大的盈利在3个月不到的时间内就不见了。大户和散户都没办法及时脱身，这是由于没人愿买入急切想抛售的股票。9月3日，平均指数到了最高点，成交量为450万股；9月5日开始下跌，成交量为550万股。9月3日以前即行情达到最高价前，成交量从没超过500万股。10月24日，恐慌的第一天，成交量为1289.4万股，恐慌最严重的那天即10月29日，成交量为1641万股；10月28日成交量为911.2万股；10月30日成交量为1072.7万股；11月12日为645.2万股；11月13日，平均指数形成底部，成交量为776.1万股。在这个底部形成以后，成交量没能超过500万股，直到1930年4月3日，成交量又一次接近600万股。

值得一说的是，平均指数从9月30日形成的大顶即出现最高点，到之后第一次形成底部，在30天的时间内从381点下跌了56点到325点。之后展开了快速反弹，于10月11日上涨了38点，到达363点。10月29日，平均指数跌到231点，自10月11日算起到这时下跌了132点，比9月3日平均指数的点数低150点；之后开始反弹，平均指数上涨了42点，到273点用时两天。之后继续下跌，11月13日跌到199点的大底，比10月31日低74点，比前面9月3日的大顶低181点。之后开始反弹，一直上涨到12月9日，从极低点上涨了64点，为263点。然后又开始下跌，一直到12月20日，为231点，比 12 月 9 日低 32 点。之后平均指数开始上涨，并且每次的调整都很小，一直涨到 1930 年 4 月 17 日，为 294 点，这个点数比 1929 年 11 月 13 日的极低点高 95 点。

周期是怎样循环的

1929 年，恐慌的主要原因是过度贷款和没有被市场消化的证券引起的货币问题。通过研究南北战争后的经济情况并且回顾股市的历史价格，就可以看到，"一战"后的经济情况、股市和以前相比并没有发生改变。在去年 8 月结束这次牛市之前，全国到处都在说，这次的牛市持续的时间史无前例，经验最丰富、最优秀的交易者都被欺骗了。事实上，所有人确实是被欺骗了，但说这次牛市持续的时间是最长并不一定正确。回顾一下以前的行情就能知道答案了。

铁路股——（图 1）我总结了 1856 年～1896 年铁路股平均价格指数（以下简称平均指数）的数据，通过这些就可以清楚明显地比较南北战争前后的经济情况。股市就是比较经济情况最佳的晴雨表和指南针。1856 年，平均指数上涨到 96 点，形成牛市的顶部，之后在 1857 年的时候出现了恐慌，平均指数下跌到 37 点。1858 年，平均指数最高点为 79 点，最低点为 59 点。1859 年，平均指数最高点为 70 点，最低点为 53 点。1860 年，平均指数最高点为 70 点，和上年一样。最低点为 54 点，比上年最低点高 1 个点。1861 年，平均指数最高点为 65 点，3 月创出新低，为 48 点。

1861 年 4 月，南北战争爆发，很明显平均指数已经预测出了战争的爆发，之后平均指数开始上涨。1862 年 6 月，平均指数向上突破了 1859 年、1860 年的最高点，9 月份又向上突破了 1858 年的最高点 79 点。牛市行情继续运行，1863 年 1 月，平均指数向上突破

1856 年~1896 年江恩铁路股平均价格指数

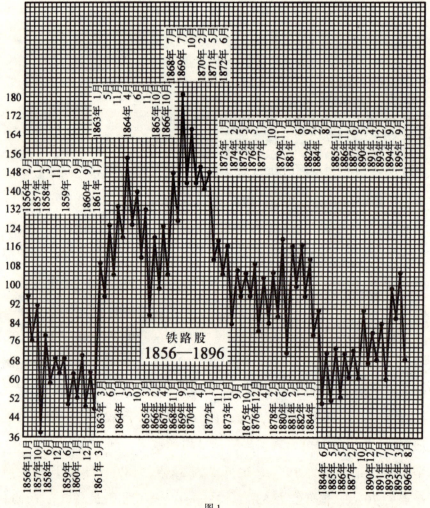

图 1

了 1856 年的最高点。牛市持续到 1864 年 4 月，平均指数为 154 点。之后就是快速下跌，1865 年 3 月形成底部为 88 点，1 年下跌了 66 点。1865 年 10 月，平均指数反弹到 121 点。1866 年 2 月，平均指数跌到 100 点。1866 年 10 月，平均指数涨到 125 点。之后开始下跌，1867 年 4 月跌到了 104 点，这个位置比 1866 年的底略高。从此，开始大幅度上涨，1869 年 7 月在 181 点的位置形成顶部，比 1867 年 4 月的底高 77 点。1869 年，在这次牛市的最后阶段时，市场异常疯狂并且活跃，平均指数在最后 3 个月的疯涨中，上涨了 33 点。

这次牛市真正开始的时间是 1861 年 3 月，结束时间是 1869 年 7 月，其间出现过像 1921 年至 1929 年 8 月的牛市出现的几次调整。1861 年至 1869 年的牛市运行时间是 8 年又 4 个月。1921 年 8 月至 1929 年 8 月的牛市运行时间是 8 年。观察南北战争前后的数据可以发现，1861 年至 1869 年牛市的运行时间比 1921 年至 1929 年牛市的运行时间略长。

1869 年 8 月，平均指数开始下跌，而真正的恐慌发生在 9 月；"黑色星期五"指的是 1869 年 9 月 24 日。9 月，平均指数下跌 30 点，形成底部为 144 点。之后在 10 月出现快速反弹，创出新高，形成顶部 167 点。之后开始下跌，直到 1873 年恐慌的开始，中间只出现过几次很小的调整，下跌后的平均指数为 84 点，比 1869 年 7 月的高点低 97 点。之后的反弹于 1874 年 2 月形成顶部为 107 点。1874 年 9 月，平均指数跌到 95 点。1875 年 5 月，平均指数反弹到 106 点。1875 年 10 月又跌到了 95 点。1876 年 3 月，平均指数又反弹到 11 点。之后一直到 1876 年 12 月都在下跌，在 81 点形成底部，这个位置比 1869 年 7 月的顶部低 100 点。之后，开始了牛市行情，一直上涨到 1879 年 11 月，平均指数为 119 点。之后开始下跌，于 1880 年 6 月形成底部 73 点。之后从这个位置展开猛烈的上涨行情，于 1881 年 1 月形成顶部 118 点，这个位置只比 1879 年 11 月的顶部低 1 个点。1881 年 5 月、6 月，平均指数又创出同样的顶部。在此展开了长期的熊市行情，一直到 1884 年 6 月，在 51 点的位置形成底部。8 月的时候，平均指数反弹到 72 点。

1885 年 3 月、5 月和 6 月，平均指数都在 52 点形成底部，只比前一年的极低点高 1 个点。1885 年 11 月，平均指数又反弹到 73 点。1886 年 5 月又跌到 53 点的大底。从这个位置，展开了一次慢牛，平均指数缓慢上涨，一直到 1890 年 5 月，平均指数涨到 89 点。之后的熊市引起了 1893 年的恐慌，1893 年 7 月，平均指数在 61 点的位置形成底部。1893 年 12 月，又在相同的价位形成了底部。之后平均指数开始上涨，于 1895 年 9 月在 106 点形成顶部。在此，"布莱恩白银恐慌" 开始了，一直下跌到 1896 年。1896 年 8 月 8 日，股票跌到了从南北战争以来的最低点，换句话说就是南北战争后，于 1869 年 7 月形成顶部之后的最低点。1896 年，大部分股票都被转送到了抛售管理人的手中。像纽约中央公司这样的股票，于 1869 年创出新高，之后不断下跌，最后在 1896 年形成底部。

1896 年一直到现在，道·琼斯工业股和铁路股平均指数一直是股市趋势的风向标。我在《股价的秘密》这本书里回顾了 1896 年～1922 年中这两种平均指数的走势。1928 年，这两种平均指数都向上突破了 1906 年的顶部，即当时的历史最高点，之后就可以发现，组成这两种平均指数的个股都涨到什么位置了，还能发现，向上突破了 1906 年顶部的那些个股。比如：艾奇逊 - 托皮卡 - 圣菲铁路公司（Atchison, Topeka & Santa Fe Railway）、纽约中央公司（New York Central）和联合太平洋公司（Union Pacific），这些年股票都向上突破了 1906 年的最高价格，它们在铁路板块的涨幅榜中位居前列，而圣保罗（St.Paul）和其他股票并没有向上突破 1906 年的最高价格，这些股票的涨幅与那些位居前列的股票相比少太多了。

交易者最好能知道，以前发生的事情能再发生的。我们一定不能持股不动并且充满期望。只要我们知道自己出错了，就必须立刻止损或者迅速离场认赔。成百上千的交易者在 1929 年形成大顶部的那次牛市里被欺骗；同理，还会有成百上千的交易者在 1929 年牛市后熊市的极低点被欺骗。使自己不会出现重大亏损的唯一办法就是在事情不可挽回以前，迅速离场。固执己见的交易者在股市中不会有任何好结果。实际上，在我们出现错误的时候，除了立刻离场认赔耐心等待下一个机会之外，别无其他选择。

行情在牛市中的不同阶段

按照惯例，牛市的运动都是分段运行或波浪式运行。1921年至1929年中牛市的行情可分为这样几个阶段：1921年8月，工业股平均指数形成底部，牛市来临。1923年3月，牛市行情的第一阶段形成顶部，之后开始调整或者小熊市行情。1924年5月部分个股形成底部，还有一部分个股在1924年10月形成底部。从这次调整之后，牛市的第二阶段开始，一直涨到1925年11月，其间出现的下跌仅仅是一次调整。恢复上涨之后，开始了牛市的第三阶段上涨，1926年4月开始，一直涨到1926年8月。之后又开始调整，为期2个月，然后再次上涨。1927年10月，市场形成顶部后，又展开迅速的调整，持续时间却只有1个月。但很多个股都滞涨或者开始调整，1928年2月才又开始快速上涨，在1929年1月、2月左右形成顶部，这可以认为是牛市的第三阶段结束了。

1929年3月，开始恐慌性暴跌，直到3月26日形成底部。然后市场在一个狭窄的区域内震荡了两个月左右，并且一直进行收集的行为。1929年5月，牛市的第四阶段也是最后一个阶段开始。这个阶段是最后的上涨，大部分个股都在这个时候出现了史无前例的巨幅上涨。1929年5月至1929年9月，工业股平均指数上涨90点。当牛市形成顶部的时候，仅仅有几只被大资金操作并且活跃的高价股还在继续上涨；之后，市场暴跌开始，仅仅两个月稍多的时间内，平均指数暴跌了 182 点。这是史无前例的暴跌，散户交易者和大资金的机构都承受着巨大的亏损。总市值减少超过 400 亿美元。

工业股平均价格指数 —— 我在《股价的秘密》这本书中，回顾过 1896 年至 1922 年道·琼斯工业股平均价格指数，还绘制了该指数的高低点变化的月线图和年线图。1922 年 10 月，工业股平均指数的顶是 103 点，1922 年 11 月，底为 92 点。从这个底部开始上涨，于 1923 年 3 月形成顶部，为 105 点，这个位置比 1922 年的顶部只高了 2 点，而比 1920 年的顶部低了 4 点，只有在成功向上突破以前的顶部的时候，平均指数才会继续上涨。之后，开始了下跌，1923 年 10 月，平均指数在 86 点形成底部。然后在这个位置附近进行大量的收集，平均指数在 86～88 点附近运行了长达 5 个月的时间。之后市场反弹，于 1924 年 1 月、2 月在 100 点的位置形成顶部。之后平均指数一直下跌，于 1924 年 5 月，在 88.5 点的位置形成底部，然后在这个位置附近运行了 3 个月，每月的小型底部都在同一个价位。这个位置比 1923 年的底部高 2 个点，这就表示平均指数在这个位置得到了良好的支撑，平均指数将会上涨。1924 年 8 月形成的顶部是 105 点，这个位置和 1923 年 3 月形成的顶部等高。之后又展开了较缓的调整，1924 年 10 月形成底部。

在 1924 年 10 月底的时候，市场开始反弹，平均指数报收于 104 点。11 月开盘的时候，平均指数从 104 点很快就向上突破了 105 点，这个位置是两年以来的最高的位置，这表示平均指数还将上涨。与此同时，我们应该从该板块中选择出强势股买入并且长期持有。

1924 年 11 月，柯立芝先生当选总统后，股市开始迅速上涨，11 月，平均指数向上突破了 1920 年的顶部 109 点，这又一次表示平均指数将继续大幅上涨。之后的顶部就是 1919 年的顶部，也是历史最高点120点。1924年12月，平均指数成功向上突破这个位置，又表示将会有大幅上涨。1925年3月形成顶部125点，之后开始快速下跌，在3月底的时候形成底部115点。在这个位置，平均指数被很好地支撑住，然后又开始上涨。5月的时候，平均指数向上突破了3月的顶部125点，而且之后的顶和底依次上移，一直持续到1926年2月，平均指数形成顶部162点。之后平均指数在顶部的时间非常短，这个顶部是个比较尖的顶部，之后3月开始激烈的下跌运动。

1908年宽街上的路边交易市场

　　然而，这次的下跌是恐慌性的，大多数活跃的个股下跌了 75 点～100 点。这时平均指数的底部是 135 点，这次下跌仅仅是持续 1 个月的调整，这和 1925 年 3 月的那些是一样的。之后市场十分不活跃，平均指数在狭窄的区域内震荡了 2 个月左右的时间，市场正在进行收集，6 月的时候，大趋势又开始向上运行。1926 年 8 月，平均指数形成顶部 166 点。这个点数比 1926 年 1 月形成的顶部高 4 点，表示平均指数还会继续上涨。之后展开了一次近两个月的快速下跌，于 1926 年 10 的时候在 146 点的位置形成底部。之后恢复上升趋势，活跃的龙头股正在进行大量的收集。

　　1927 年 5 月，平均指数向上突破 166 点即 1926 年 8 月的顶部，所以这表示平均指数将会继续上涨。10 月的时候，平均指数涨到了 199 点。在 100 点、200 点、300 点这样的整百点数的位置附近一定会出现非常大的抛售。之后平均指数展开快速下跌，10 月底就跌到了 179 点，形成底部，然后又展开快速上涨。

　　1928 年 1 月，平均指数向上突破了 200 点，成功向上突破了整百点位置就表示市场会大幅上涨。平均指数涨到 203 点，然后在 2 月的时候展开了小调整，直到 192 点的小底部，3 月的时候又开始快速上涨，平均指数向上突破了 203 点。1928 年 5 月、6 月在 220 点的位置形成顶部。6 月的时候开始快速下跌，在 202 点的位置形成底。平均指数没有向下跌破 200 点的整百点数位，这就表示在这个位置有强力的支撑，平均指数将会上涨。在 7 月的时候，市场进行大量的收集，而 8 月的时候，市场就像失去控制一样上涨，一直到 1929 年 2 月，在 222 点的位置形成顶部。3 月的时候平均指数开始下跌，一直跌到 196 点。然后就开始激烈的上涨，在 4 月的时候创出新高 227 点。5 月，平均指数从尖顶的位置下展开急速下跌，在 5 月下旬的时候形成底部 194 点，这个位置仅仅比

1929年3月形成的底部高2个点而已，这就表示那时已经是底部了。6月的时候，之前滞涨的一些公用事业股开始迅速上涨，并成为龙头股。平均指数每个月都逐渐上涨，形成的底部和顶部都在不停地上移，这种情况一直持续到1929年9月3日，形成了最后的顶部，平均指数也创出381点的新高，这也是当时历史上的最高点。可这个最高点维持的时间非常短，很多活跃的股票的抛压都非常大，以至于这个位置形成一个尖顶，之后就展开急速剧烈的下跌运动。在9月5日的时候形成底部370点，从9月7日起开始快速反弹，反弹到了377点，形成顶部，这个顶部比前面的顶部要低；9月9日，平均指数跌到了367点，这表示市场处于弱势状态，也表示平均指数将大幅下跌；9月11日，平均指数出现了快速反弹，反弹到371点；9月12日，在366.5的位置形成底部，这又表示市场很弱；9月16日，平均指数反弹到372点，这个顶部没有超过前面形成的顶部很多点数；9月19日，平均指数向下跌破366点，这就表示平均指数将大幅下跌了；10月4日，平均指数跌到了326点，形成底部。之后展开快速反弹，反弹一直到10月11日，在362点的位置形成顶部，比前面的顶部低。在这个顶部展开了恐慌性下跌，10月29日在231点的位置形成底部。之后展开了仅仅维持两天的快速反弹，于10月31日在273点的位置形成小顶。

又一次出现大量抛售，这次展开的迅速下跌在11月13日的时候在199点形成了最后的底部。这个位置比1929年9月3日的顶部低182点。这次暴跌是历史上最快的一次，也是华尔街中最大的一次恐慌，即股灾。之后展开了快速反弹，一直到12月9日，在263点的位置形成顶部。之后便一直下跌，直到12月20日，形成231点的底部。要注意一点，平均指数在10月29日和12月20日的底部是在同一价格，这个位置比1929年11月形成的底部高32

点。这就表示市场不久后要上涨。在这个位置之后展开了只有几次小幅回调的上涨。在 1930 年 2 月 5 日和 2 月 14 日的时候，平均指数在 272 点的位置形成了临时性的顶部；之后展开下跌，一直跌到 2 月 24 日，平均指数在 263 点的位置形成底部，然后恢复上升趋势，于 4 月 17 日，涨到了 294 点，并在此形成顶部。

道·琼斯 30 种工业股平均价格指数是市场中活跃股票的趋势的风向标。但一定要牢记，我们要仔细研判所有的个股，看看这些个股的趋势是不是和平均指数的趋势同步进行。假如一只个股的趋势恰恰和平均指数的趋势相反，就要顺应这只股票的趋势进行交易。在平均指数不是很活跃、波动幅度较小的时候，就要注意了，观察它在顶部和底部的成交量是不是较小，这些就是趋势发生转变的标志。之后在顶部和底部异常活跃的时候也要注意，观察成交量是不是随着价格的上涨而增加。只要出现成交量减少的情况，一定要注意趋势的变化还有之后可能转向的变化。

第 2 章

二十四条成功获利的规则

江恩 华/尔/街/选/股/智/慧

想要在股市上得到成功，投资者一定要有确定的规则，并严格遵守它们。以下规则是我多年以来经验的结晶，遵守这些规则的人，一定能够成功。

1. 资金的使用：将资金分为 10 等份，买入一笔股票的时候都一定不可投入超过 1 份以上的资金。

2. 设置止损。一定在离成交价格 3~5 点处设置止损保护资金的安全。

3. 拒绝过度交易。过度交易违反上述有关资金使用的规则。

4. 盈利不能变亏损。一旦有了至少 3 点的利润，马上提高你的止损点，这样就不至于让盈利的交易变为亏损的交易。

5. 不要与趋势进行对抗。如果无法依照自己的图表明确地研判出趋势，那么就最好观望，不要进行操作。

6. 当你感觉行情看不懂或者不好把握时就观望，一定要牢记不能在看不懂行情时贸然进行操作。

7. 只交易快速运行的股票。防止做到运行缓慢、成交量少的股票。

8. 平均分摊风险。可以的话，交易 4~5 只股票。防止将自己全部的本金用在一只股票上。

9. 不要限制买卖价格，要参照市场状况而定。

10. 没有足够的原因就不可以平仓卖出。而是设置止损并不断提高止损来保护盈利。

11. 储备盈利。交易不断地得到利润之后，把部分利润资金转入盈余账户，以便应急之用或在市场发生恐慌的时候使用。

12. 永远不要为了一回分红而买入股票。

13. 一定不要通过低位补仓来减少损失。这是股票投资者会经常出现的最严重的错误之一。

14. 一定不要因为失去持有股票的耐心而出局，也不可以因为着急而入市。

15. 避免赚小赔大。

16. 一定不能撤销设置好的止损。

17. 防止频繁地出市、入市。

18. 愿意买入也愿意做空，交易方向与趋势一致就能赚钱。

19. 不能因为价低而买；也不能因为价高而卖。

20. 不要在出错的时候使用金字塔加仓法。等待股票变得异常活跃，并穿过了阻力位后，再进行加仓，等待价格向下突破派发范围后，再加仓做空。

21. 选择小盘股按照金字塔加仓法买入，选择大盘绩优股做空。

22. 一定不能做对冲交易。如果对一只股票进行做多交易时，如果这只股票开始下跌，不能通过做空另外一只股票来进行对冲交易。你应该平仓认赔，并且等待下一个交易机会。

23. 没有充分的理由时绝不改变你的头寸。当你进行一次交易时，一定要有符合交易规则的理由，或者有确定的交易计划。一直持有到看到明确的趋势转变后再平仓。

24. 防止在长时间成功盈利后加大交易量。

当你要进行一次交易时，必须不能违反这 24 条规则中的每一条，这些交易规则是帮助你成功中的最重要的一部分。当你的账户发生亏损平仓时，请一一对照这些交易规则，找出你违反了哪条；下次不能再出现相同的错误。经验和研究会使你认可这些规则的价值，观察和研究将使你找到通往在华尔街取得成功的正确并且实用的道路。

资金的安全

你首先要思考的是怎样确保自己的资金，让交易尽量安全。只有一条安全可信的规则，遵守并永远不违反该条交易规则的人能够保护好他的资金，还能在每年年末结算时，取得一定的利润。这条规则是把资金分为 10 等份，并且在每一次交易中，不能投入超过 1 份的资金。如果你有 1000 美元，那么你交易的金额不得超过 100 美元。限制亏损的办法就是设置止损。假如你用 1 份资金购买了 10 股股票，亏损 3 个点，10 股亏损 30 美元，但假如把所有资金都买了 100 股股票，那么你的亏损高达 300 美元。只要有资金去操作，你一定能发现新的挣钱的机会。一开始就冒着非常大的风险进行重仓操作，你的资金将会非常危险，并且这样还会因为心理原因影响你的判断能力。但是如果你按照这条规则操作，即便出现损失，也不会使你心慌意乱，从而影响判断力。

设置止损

保护大家资金安全的唯一方法就是设置止损，我相信不管多少次强调设置止损的重要程度都不够。投资者设置的止损中，十次中刚好一次正好在止损后趋势发生反转。之后，他总是忘不了这件事，并说："如果我设置了止损，市场就会在下跌或上涨的过程中刚好碰到它，然后马上就发生反转。"因此，这样的人从此不再设置止损，他的经纪人经常对他说，止损总会执行。但是他忘了十次中有九次止损是正确的，总能避免更大的损失，当在市场运行方向与他的期望的方向相反时，让他可以及时出场。如果设置止损有一次让你没能跟随住行情，从而获得利润，那么它会以后面九次中让你正确地及时脱身来弥补你的损失。因此，一定要设置止损。

1929 年 10 月，纽约证券交易所股票急剧下跌，引发全国银行倒闭，金融业者齐聚华尔街

改变观念

智者一定会是在恰当的时候改变观念，而愚者从来就不会。智者会先调查分析之后做出决定，而愚者只会做出决定。在华尔街中，那些不能改变观念的人将会很快失去改变观念的机会。一旦你有了充足的理由，决定做一笔交易，不要没有任何理由地改变。其中最关键的事是在市场与你想的完全相反的时候不能更改或撤销止损。在进行交易时，设置止损进行自我保护是应该做的第一件事。设置止损是非常正确和明智的行为。当你在设置止损后，突然改变想法更改了止损，这是非常愚蠢的。这样做不利于良好的分析，而是自己的遐想。但在华尔街，光靠遐想一定会赔钱。如果你能设置止损，并且能遵守规则坚持不撤销或更改，那么90%的情况你会获得最佳效果，所以遵守这条规则的人往往能取得成功。我再一次重申一下，如果你不能遵守某种规则，就不要进行交易，这只会让你倾家荡产。而我们一定坚持遵守的一条规则就是：在你交易的同时设置止损并且不更改或撤销。

过度交易

因为人有各种性格弱点，所以历史总是会不停地重新上演。快速暴富的贪念已经让广大投资者失去了无数的财富。过度交易是每位有经验的投资者的最大弱点，但他却放任这个敌人，最终导致自己毁灭。当然，对于这种弱点，我们必须要有一个对策，而止损就是对付过度交易的对策。

保护盈利

保护盈利像保护资金一样重要。当交易有了盈利后，最重要的就是保护盈利，不让其变为亏损。这条规则有一点特殊情况，我们设置的止损价位要参照盈利的多少后再决定。通常情况下可以使用的最可靠的规则是：一旦我们获利超过 3 点，就把止损提升到你成交的价格，即使它被成交，也不会赔钱。但在价格高并且活跃股票上，我们可以等到 4~5 个点的盈利之后，再将止损点上移到成交价格处，这样一旦市场反转你也不会出现亏损。这样一来，我们就有了最小的风险和无限的盈利可能性。当价格运行的方向和我们交易的方向一致时，就要相应地一直调整止损位，这样一来，就可以在保护资金安全的同时提高盈利。

入场时间

知道什么时候买，什么时候卖是非常重要的，我们下单时一定根据某个规则或者信号。当你感觉市场正临近底部或顶部时，十次中有七次会是不对的。市场现在怎么运行和将来怎么运行并不关键，关键的是那些能够反映市场未来变化的迹象，这些迹象将帮助你盈利。

当你想在一只股票的低位或高位入场时，一定要静心等待，直到出现明显的信号，这些信号意味着趋势已经反转向上。同时，你也可能由于等待而错过底部或顶部，但你确保了资金的安全。除非你有足够的理由证明自己是顺势而为，不是逆市操作，否则，就不要操之过急。

投资者一定记住，最关键的事情不是获得或亏损了多少钱。我们先不管钱的事情。准确研判市场，顺势交易才是你最重要的目标。我们要在分析市场趋势上投入全部精力，不要去考虑钱的问题。假如你对趋势的判断正确，那么盈利自然会向你跑来。如果你是错误的，就利用好止损这个永远可靠的方法。

买入或卖出的时机不对

投资者在交易中经常会过早地离场，因为他们已经长时间持有股票，一直着急地等待股票变得活跃并且价格上涨时刻的到来。因此，当股价真正开始上涨时，持有股票的投资者就会在第一时间匆忙卖出股票，这是非常不明智的错误。另一种投资者总是平仓太晚。当大涨势开始时，他持有股票，并期望股票能不断创出新高，结果就是，股票始终不能达到他想要卖出的价格。之后，股价出现了第一次快速下跌，他又会想在原先的高点平仓。股票确实开始上涨了，但没能达到之前的高点。之后便向下运行，创出新低，这时，投资者又会自己设定一个"期望中的卖出价位"。而他会看着股票越跌越低，直到最后无奈之下，在股票已经跌了相当的高度后才无奈地清仓出货。的确，投资者应该在确定趋势出现变化后再卖出股票。但是一旦你确定看到趋势已经改变时，就要立刻清仓卖出。对这样的投资者来说，落实止损，就是非常好的交易规则。即使止损价与期望的价位有10点至20点的差距也不要延误。

延误很危险

在华尔街，延误不决是赚不到钱的。美好的愿望无法帮助你，靠愿望来交易的人最后都会赔得一干二净。你一定要停止遐想，变成思考。然而，思考过后，还应该在正确的时间行动，否则再好的思考也一无是处。知道什么时候该行动，但又没有动作，同样没用。延误永远是危险的。在交易中，犹豫不决或延误时间越多，你判断的成功率就会越低，你亏钱的可能性就越大。反应迟钝就是死亡，将会带来毁灭，而行动迅速将带来希望。看对趋势也好，看错趋势也罢，光思考不行动，是无法保本挣钱的。注意，延误交易是非常危险的。在思考后立即采取行动，比期待某个不确定的时间要好得多。我们绝不能在生病或心情不好时进行交易。因为这将影响我们的判断能力。成功投资者的规则之一就是要保持身心健康的状态，因为身体才是革命的本钱。

加仓的时机

加仓的方法有两种。一种方法是在开始形成新趋势的时候，或在创出新高或新低的时候，就加仓做多或做空。在一个运行活跃的市场中，如果趋势和你预想的一样，当每上涨或下跌三五个点或 10 个点时，你可以继续加仓做多或做空，根据我们交易的股票或所用的加仓方法来制定具体的点数。我所用加仓方法是先找到调整的位置，以及从短期的顶部或底部调整的点数。看看是否已经出现了 3 个点、5 个点、7 个点、10 个点或 12 个点的调整；并且在价格调整的过程中，进行第一次、第二次、第三次或第四次的加仓操作。依照以前的经验看，投资者应在价格调整了三五个点或 10 个点后才开始加仓。在熊市中也按这条规则操作。在 1924 年 ~ 1929 年，如果我们在通用汽车（General Motors）上使用了这条交易规则，你就会发现，这种加仓方法比间隔很多点后买进或卖出安全许多。

关于时间的规则是先测定第一次关键调整的时间，因为它会对你的加码有很大帮助。举个例子，通用汽车（General Motors）从1924 年开始上涨之后，回调仅仅用了 3 周的时间；因此要在任何它从顶部开始调整 2~3 周的时候买入，并且在它形成最后的顶部同时主趋势反转向下之前一直持有。用这种方法来测量调整的幅度，可以有效地加大我们的收益，并让我们能够抓住股票的主趋势。这样顺势的行为有的时候甚至能长达数年，使投资者可以获得高达 100点~200 点的利润。和其他的规则一样，这条时间规则只适用于活跃的市场，而且对于高价的股票更有效。

无论你用什么方法，出于保护盈利的目的，加仓操作同样也需要设置好止损。你的盈利越多，就表示能够承受市场波动的空间也就越大，换句话说可以在较远的位置设置止损，因为为了不让加仓受到价格调整的影响，只能这样做。例如，假定你已经抓住了一只股票的上涨趋势，最先买进的仓位已经获得了 100 个点的盈利。假如这只股票之前有过 20 点的调整，那么它就可以再调整 20 点并且不会改变主趋势，所以止损就可以设置在价格下方 20 个点的位置。这样就算被止损，也不会使我们的资金受到损失，而我们只会受到一部分账面利润的损失。但是在加仓的初期，你的止损位置可能要离市价比较近，这是为了保护自己的资金。

正确合理的预期利润

很多投资者都幻想通过投资股票一夜暴富，但是他们从来不能静下心来思考一下。如果能在 10 年~20 年的时间里，每年保持稳定增长 25% 表示什么。假定起始资金是 1000 美元，每年稳定增长 25%的话，10 年之后你就会拥有 9313.23 美元。如果起始资金是 10000 美元，每年稳定增长 25%，10 年就是 93132.26 美元。可以发现，只要稳健一点，不要有不现实的幻想，那么在不久的将来积累一笔财富是非常容易的事情。但是有很多投资者野心勃勃地幻想在一个月或一周甚至更短的时间内就将自己的财富翻番，这是不可能实现的。偶然有天赐良机，你在一天、1 周或是 1 个月内挣一大笔钱。一旦你碰到了这样发大财的机会，千万不要被突如其来的利润冲昏了头脑，幻想着能够连续得到如此大幅的利润。记住，市场大部分的时间里都在正常地运行，并且在绝大多数时间内你也只能获得正常的利润。大多数投资者在交易股票时从不考虑这笔交易能够有多少利润和这笔交易会有多大的损失。这应该成为你的规则之一：如果不能有 3 点 ~ 5 点利润时，除非你使用只有 1 点 ~ 2 点的止损，否则就不要进行交易。一般来说，冒着可能会损失 3 点 ~ 5 点的风险而去争取可能出现的 3 点 ~ 5 点的盈利是不值得的。至少要等到可能盈利的点数大于损失时，或者成功概率更高时再看准时机进行交易。当你认为一只股票只能给你带来 3 点 ~ 5 点的利润时，就没有必要进行交易了，因为你可能判断失误，最终可能会亏损 3 点 ~ 5 点或者更多。我们介入一只股票的时候，最好等到股票穿越某个方向上的阻力位时，这样一来就能进入将会有更大利润并且持续上涨的区域。那些试图买来卖去，来回倒手的人是赚不到大钱的；最多只能得到点蝇头小利。记住：要想实现盈利，那么你的利润必须总是大于你的亏损，而你所需要的规则就是：尽可能降低亏损，让利润奔跑。

收到追加保证金的通知怎么办

如果在缴纳了交易时规定的保证金之后，股票走势正和你预想的相反，同时经纪人要求追加保证金时，在大部分情况下，你要做的并不是追加保证金，而是应该止损出局。如果你选择存入更多的保证金，那么只有在你拥有充分的理由时，才能用这些资金再去重新交易一只股票。大部分情况，在投资者首次追加保证金后，他都会选择继续持股，然后等待他的会是第二、第三个追加保证金的通知，只要他还有钱他就会不断地追加下去，这样就在一笔交易中失去了他全部的资金。如果经纪人要求你追加保证金，说明肯定是出了问题，因此最好的解决方法是清仓离场。

联名账户

尽量不要开设联名账户或和他人合伙进行交易，特殊情况除外。当两人一起进行交易时，有可能他们会在选择股票和买卖方向上意见统一，甚至可以在交易的时机上一样。但是真正很难达到统一的是：在应该平仓的时候，由于两人很少可以在什么时候平仓和什么价格平仓的问题上达到同意。结果，他们就在结束这笔交易时出现错误。一个人不想卖出股票，而另一个人也会因此将股票继续持有。而最终市场出现反转，行情就对他们不利了；这时，他们只会仍然持有股票希望市场能发生反转，这样在一个开始能共同盈利的交易上都受到了损失。一个人想要保持头脑清醒，并要在股市上一直保持就已经很困难了，而两个人想要保持意见统一地在股市中打拼更是难上加难。两个人想要合作并且一起成功的唯一方法是一个人只负责买入和卖出，另一个人只负责设置止损，别的什么都不管。当判断出现错误的时候，止损可以保护他们两个人的资金。夫妻之间开设联名账户也不行，进出场都应该由一个人来判断，他必须学会如何在市场中迅速行动，不要受他人影响。

投资者不愿接受的信息 —— 投资者心理

一般而言，投资者不愿接受一些不好的信息。他们想听到符合他们所希望的信息，在他们买入一只股票后，他们愿意接受全部的利好，包括新闻、传言、观点以及谎言等，反之如果听到了和这只股票相关的负面报告，或者别人告诉他们有关所持股票的负面消息时，他们却不愿接受。这些才是能够帮助他的事实，而且他一定要接受的也只有事实，而那些让他充满期望的消息最后只会导致他亏损。一个投资者总会在犯了一次错误后会说："下一次不会再出现这种错误了。"但他还是会重蹈覆辙，这就是为何在华尔街总是会看到很多老人在带着新人走老路，步其后尘了。在华尔街，人们很少谈到自己在股市里赔钱的事情，全部都是在大吹大擂自己如何挣钱的。因此，那些投资者初入股市时，都天真地以为股市里遍地是黄金，就等着他来赚。他们听不到别人在股市里如何赔钱的事情，而这些赔钱的宝贵经验对于初学者才更为关键，有了这些经验，他们也许在日后的投资中不会再犯下相同的错误。初学者应当知道，在华尔街发生的破产原因中，90%都是因为没有设置止损和过度交易。想在股市里挣钱，就必须按照一定的规则操作，他们必须去战胜那些别人没能战胜的弱点。

最主要的弱点是人的因素

投资者在股市交易中的盈利都会使自信心得到增强，会认为自己对市场的判断非常准确，已经无所不能了。而当投资者在交易中出现亏损时，态度就会完全相反，这时他基本不会反省自己，也基本不会设法找出导致亏损的原因。他只会找一些借口，并且安慰自己发生亏损仅仅是因为意外的发生，或者把责任推卸为别人的意见误导了自己。他会找到很多"假如"、"因为"和"但是"等借口，不承认自己的错误。如果他还不能吸取教训的话，他还会继续犯同样的错误，继续赔钱。

投资者一定要找到适合自己的解决方法，多从自身出发，去查找亏损的原因，不要埋怨，这样是没有用的。如果投资者不马上做出改变，就永不会纠正自己的错误。毕竟，发生亏损是因为自己的操作。我们一定要查找并且改正自身的缺点。取得成功的方法只有战胜自我。

投资者不想独立思考也是使交易受到损失的一个主要原因。他们让别人代替他们思考，还给他们提出建议，但是事实上这些人的分析和给出的建议不见得比他们自己的好。只有靠自己亲自去调研，才能在股市中取得成功。假如你不想再成为股市中绝大多数赔钱的人，那么你就需要马上学习知识和学会独立思考。否则你会重蹈所有失败的前辈们的覆辙——不断地赔钱，或是追加保证金，直至破产。自己奋发向上才会有人帮助你，或者才会有人告诉你怎样做才能取得成功。

我只能给你世界上最好的交易规则和分析股票趋势和位置的最好方法，而你也很可能因自身人性的弱点，而破产。你可能没有遵守规则，也可能仅仅依靠期望和害怕而不是依靠事实来操作；你也可能延误交易，也可能磨光了耐心；也许是你自己太鲁莽，犹豫不决。请记住，这都是因你自己而犯的错误，绝不是市场的行为，或者市场操纵者的行为。因此，当你不能好好遵守交易规则时，远离这里，不要进行投资，否则你一定会以失败告终。

第 3 章

华尔街的教育

江因 华/尔/街/选/股/智/慧

现在为何更难击败股市了

由于股票数量的增多，普通交易者想要从股市中赚到钱，越来越难了。现在，纽约证券交易所挂牌上市的股票数量大概为 1500 只。个股趋势与平均指数的趋势相反的情况比以前要多不少，而且属于同一板块的个股之间也会出现趋势相反的情况。某一板块中，某只个股上涨或下跌也许会和整体的趋势不同，这种情况就更容易误导交易者了，让交易者出现错误。

以前，活跃的股票太少了，其中的很多都是组成道·琼斯工业股和铁路股平均价格指数的股票，这两种平均指数都是有效的风向标。在那时，股票都被控制在少数的庄家手里，这些庄家都会同时对这些股票板块进行操作，以操纵。现在，在纽约证券交易所挂牌上市的股票有这么多，还形成了很多的板块，所以假如想获得有效的平均指数的指南，就一定要得到不同板块，比如石油板块、橡胶板块、钢铁板块、制造业板块等不同板块的平均指数。我们不可以过于依靠这些平均指数，而是要研判这些板块中每只股票的强弱状态。我们可以看到，处于同一板块中的个股，有些会非常弱，一直在下跌，而在同一时间内，有些则非常强；就像后面要分析不同板块的股票时，可以看到的一样。

平均指数的规律用在人寿保险也是有效的。保险精算师可以对 1000 位处于不同年龄层的人的寿命进行计算，可以得到平均每年死亡的人数，但他并不可以依照平均寿命计算出某个人的寿命是多少，这就因为这群人中含有不同出生时间的人。平均指数也是包括了很多不同公司发行的股票，而这些公司可能成立了 5 年、10 年、20 年、30 年、50 年或 100 年。因为这些公司成立的时间差很多，而各行各业也分布在全国各个地方，也会被其所在的地理位置等其他的条件影响，其中部分股票的趋势和其板块的趋势完全不同也是很普遍的。

比如，就说石油工业和组成石油平均指数的石油板块。组成石油平均指数的公司，在哪年成立的都有，公司的管理者也不一样，办公的地方也是在全国不同的地方，受到的各种条件也是不一样的。所以，想得出可靠的判断，一定要分别分析、判断和预测各个公司的状况和个股趋势，不可以把它们集合在一起进行大概的分析、判断和预测。以前就有过这种情况，休斯敦石油大幅上涨的时候，别的石油股都在下跌。这只股票的流通盘非常少，而且强弱状态也和别的同板块的股票不一样，所以就会很容易被拉升上涨，造成该股的趋势和平均指数完全不同。

就目前的情况来说，假如交易者要从股市中赚到钱，那么一定要分析好每只股票的趋势，并且依照其自身的趋势去进行交易，并不是要参照同板块中其他的股票、平均指数、其他板块的股票或者其他板块的趋势。因为人是有自身的性格弱点的，能做到这些是很难的。交易者一定要确定并且坚决执行好自己的交易规则，还一定要自始至终地设置好止损。

美国现在已经发展得很强大了，还和非常多的国家在经济方面有良好的合作，其他国家的各种状况改变和一些事情，不管是有利的还是不利的，都可以影响到美国；同时这种情况会让那些只靠着瞎猜、小道消息或内幕的交易者更加困难。其实，这样去进行交易是不可能获利的。

美国从一个农业国发展成了一个工业国。以前有段时间，铁路板块的股票会被农作物影响。若农作物的收成高，铁路板块就上涨；农作物收成低，铁路板块就会下跌。在铁路股票不再靠着农作物来提高货运量的时候，而是从工业方面得到大量的货运量的时候，把农作物收成好坏看成是铁路股的风向标的交易者就会发现这个风向标失去效果了。

如今，美国的变化非常巨大。花费了大量的时间，运输方式才从使用富尔顿汽船变成铁路，而花费较少的时间将用于娱乐和商业的交通工具从汽车变为飞机。汽车的出现影响了铁路行业的状况，现在新发明的飞机在将来也会影响汽车业和铁路业的状况。现在这个情况，就是很多汽车制造业都在想转行成为飞机制造业，可以很明显地表明，飞机将是今后的运输工具。并且在未来，哪些仍然只制造汽车的公司就会看到自己公司的业务量和收入都在持续降低。

假如我们想成功在股市中赚到钱，就一定要走在时代的前沿，不能落后。我们一定要多观察新行业中公司状况最大的股票。不能只抓着旧股票，期望着它们可以再展雄风。假如它们展开下跌趋势，那么就做空，就和1909年~1917年要做空铁路股一样，再到1921年的时候，铁路股的趋势表示为上升趋势的时候，之前做空这些股票的交易者就已经赚足了钱，然后继续买入这些股票。在世界上的大牛市的时候，在大部分情况时，工业股都有着比铁路股更多的交易时机，也给出了更多的收益。

1929 年 10 月 24 日投资者聚集在纽约证交所门前，当天成为大萧条起点

一个人可以进行风险投机的年龄

一个人在 20 岁至 50 岁的时候，假如想要赚到很多钱，就一定要抓住一些机会，然而这些机会或风险一定是要依照正确的判断或是科学选股来进行投资或投机交易。在一个人 50 岁的时候就应该独立了。假如能够遵守可以成功交易的全部规则，这个时候就应该可以不用冒风险或是去寻找重大机会了。假如他还没能这样，不管怎样他都不应该再冒险或是寻找机会了，在通常情况下，一个人在 50 岁以后，假如再遇到大规模亏损或者生意上破产，那么这个人就基本上没可能东山再起了。假如一个人 50 岁了，还不能在华尔街取得成功，最好的办法就是离开华尔街。假如一个人在这个年龄的时候，已经成功了，那么他就不需要担心其他的，什么都可以面对了。人的最大弱点是，承受非常大亏损后，就会将剩下的资金去冒险，为了可以挽回之前的损失。有很多 50 岁以上的人仍然进行交易或者做生意，他们都会出现这样的错误。的确，什么规则都会出现意外情况。也会有一部分人是在 60 岁后才成功，甚至也有人在 70 岁以后才成功，

但在这里说的是大部分情况。

　　假如想在交易或是生意上成功，就要在 20 岁左右的时候开始着手钻研生意或者交易了，这样可以积累大量的知识和阅历。假如我们用 10 年的时间去学习，等到了 30 岁的时候，就已经为今后 10 年或 20 年的时间的成功做好了铺垫。而假如我们在 30 岁的时候，觉得自己已经了解了怎么样可以成功，然后就不学习的话，那么今后的 20 年里，我们还会在某个时间失败。我们一定要继续研判股市发生变化后的情况，也要研判新股票和旧股票的趋势，一定不要让某只股票在哪天的变化欺骗我们。旧瓶不可装新酒，也就是说，不可以用旧的标准来看不同周期或者不同时期的股票，这就和大多数交易者在 1921 年~1929 年牛市里做的一样，特别是 1924 年~1929 年里，很多交易者将这次的牛市和曾经的牛市比较，认为这次牛市的时间太长了，所以他们犯了错误，提早做空或是提早平仓。

　　我们中的任何人都一定要记住股市的交易，也要记住：我们一定不能从华尔街这所学校毕业。我们每年都一定要学习新课程来跟上时代的变化。其实，假如想在华尔街成功，就一定要走在时代的前沿。

一个人能失去 1 亿美元吗?

　　一般人以为，假如一个人拥有 100 万美元或者更多的钱后，就不会再失去了。也就是说，他的资金足够多了，多到可以让市场遵从他的意愿去运行。我们看一下阿默（J.O.Armour）亏损 3 亿多美元的事情就可以知道了。"一战"快要结束的时候，阿默这位包装业的大亨，总计拥有 3 亿美元左右的财富。战争导致的市场环境的变化，使他的财富逐渐减少。在他知道自己损失 2000 万美元的时候，他不甘心认输，想用剩下的资金将自己损失的 2000 万美元赚回来。而市场仍然向和他交易相反的方向运行，这不仅没有发生好转，而且变得更差了。他仍然逆市而为，直到全部财富都消失。并且他自己的身体也不行了，最终他在贫穷和绝望中去世。然而，他逆市而为只是由于他对金钱的喜爱，他拥有如此多的财富却没有什么用处；而只要他有了这么多的钱，为了保护原有的财富，他愿意牺牲健康和全部。

1912 年牛市最疯狂的时候，杜兰特（W.C.Durant）因拥有 1.2 亿美元而成名，但他的最终结果还是破产，他买入的通用汽车的股票也被摩根集团和杜邦公司收购。成功赚到 500 万美元～5000 万美元，最终将它们失去的人也不少。丹尼尔·德鲁（Daniel Drew）称自己的身价为 1300 万美元，最终也是全部赔光，在破产后去世。托马斯·W. 劳森（Thomas W.Lawson）的财富也有 3000 万美元～5000 万美元，最终也是全部赔光，他去世的时候也是身无分文。丹尼尔·J. 萨利（Daniel J.Sully）、尤金·苏克尔斯（Eugene Scales）、杰西·利弗莫尔（Jesse Livermore）和其他人都损失过 500 万美元或者更多。

1929 年恐慌的时候，巨额交易者们在 3 个月的时间里就亏损了 1000 万、2500 万、5000 万、7500 万甚至 1 亿美元，报道中说，有人亏损了 2 亿美元～3 亿美元。假如这些人亏损了几百万或是几个亿，那么我们的运气也不一定比他们好。在一个有 1 亿美元的人出现错误的时候，他亏损 1 个亿和一个有 100 美元的人出现错误亏损 100 美元一样简单，而且速度还会比 100 美元亏损得要快。100 美元的人可以随时离场，而有 1 亿美元的人却不能。也许有人会问，有 500 万、1000 万或 1 亿美元的人为什么会全部赔完？这就是由于这个人不和以前一样了，不能那样去判断趋势。赚到利润是一件事情，守住利润则是另一件事情了。人生就像股市一样也是有周期的。当一个人是在自己的鼎盛时期时，他自己都不知道。他赚钱的时间结束了，就要去守好自己已经得到的利润，并不是去想办法得到更多的利润。有一种周期趋势和一种准确的数学周期，这种周期确定了一个人可以走到哪儿、走多久，在这个尽力去反抗这条规律的时候，同时大势还和他相反，就会被相反的力量带走。

任何一个人应该知道的就是什么时候要离开。当一个人赚到了钱，一定要知道自己赚到的钱什么时候足够了，同时一定要知道什么时候要停止继续赚钱，并且保护住已经赚到手的利润。

聪明的交易者往往会出现这种错误，就是一直跟着某个交易非常成功的先锋者。假如这个先锋者正在向不利的方向发展，同时这个先锋者对市场的判断比聪明的交易者还要差的时候，这些聪明的交易者还在执着地跟着先锋者，按照先锋者的交易去交易。1915年~1919年，杜兰特正势头十足，在市场中赚到了上百万美元，而有非常多的人跟着他一起交易；但是，1920年~1921年的时候，杜兰特出现了错误，而他的追随者还在继续跟着他进行交易，直到将自己的利润赔光，本金也赔了进去。他们怎么才能避免如此大的亏损？就是通过自己的方法去判断汽车股的趋势是否已经反转向下运行了，之后不再买进，回补多头仓位后，并且卖出做空。

全部依照我的规则进行交易的人，都可以通过研究走势图看出通用汽车和其他汽车股在1919年的下半年的时候已经看空了，同时在1920年~1921年的时候一直是下跌的。之后，这些跟风操作的交易者就不会在杜兰特出现错误的时候，而且赔掉了全部资金的时候还继续跟着他一起操作。一定不能把自己的期望放在任何一个先锋者身上，更不能长时间如此。孤独的渔民或者猎手才能得到赢利。假如跟风操作的人过多的时候，他们也会影响到先锋者的计划，使先锋者无法达到目标。不论是大人物或者小人物，他们都是会经常出现错误的，但其中大部分人是比较明智的，在他们看到自己出现了错误的时候就会立刻修正错误，不是和普通人那样，对持有的股票充满着期望并且一直持有股票。

人的趋势什么时候会发生改变

一个人的趋势的周期性就和市场是一样的，也会发生变化，也有多空之分。记录自己的交易状况，就能知道自己的趋势什么时候是多，什么时候是空。

我以前有过连续 200 笔交易都成功赚到钱的记录。在我进行这些交易的时候，我都没想过能够 50 次交易都赚到钱，但我的确是成功地进行了完美的 200 次交易，并且每笔都赚到钱了。我的那次的好运或者可以说是我的那段上升趋势运行了一段时间，假如在那个时候我不能预测出我自己的趋势，那我要根据什么信号来分析我自己的趋势什么时候反转，我要离开去等待下一个机会？首先发现不对劲的是我第一次赔钱的那笔交易。我还能镶嵌那仅仅是一笔很小的时候，也就 100 美元。之后的一笔交易使我损失了 500 多美元。这就意味着，无论是我的判断出现了错误、是我身体的状况不好还是精神上劳累或者其他的什么情况，我个人的趋势是发生反转了，正向对我不利的那个方向运行。假如我当时足够英明，那么我就一定会先离开市场，这样就能保住我已经赚到的钱了。可是，那时我交易了第三笔，也像很多的交易者那样，加大了仓位。这次的交易不久就使我亏损了 5000 美元，而我还没有马上停止交易。结果就是我承受了一连串的亏损，直到 1907 年 11 月，银行都停业了，而我也不能取钱了。我只能让我的经纪人帮我平掉我全部的单子，我也亏损了非常多。这就是由于我自己在那时和自己的趋势逆市而为。

我运气好的那段时间已经过去了，而我仍然在交易，我应该在那个时候休息、消遣和学习知识，并不是要去想怎么去赚到那些我不需要的钱。在好几个月的时间内，银行都不能取钱，所以我也没资金去进行投机。而我就在这段时间内学习和分析趋势，最后我发现了自己出现错误和亏损的原因。

1908年春季，我又开始交易，而且我归纳出了一些可以预测自己的趋势什么时候看多的规则。然后我开始交易小麦期货，最开始的3笔交易我都赚到了钱。这就表示我的好运气来了，我的趋势看多了，我要抓紧这个机会。之后，我就去买入棉花期货，而且随着价格不断地上涨，我一直在买入，当利弗莫尔第一次垄断7月的棉花期货的时候，我用金字塔加仓的方法不断加仓，那时我挣了很多钱。

我可以在我自己赚钱赔钱的事情中举出非常多的例子，但任何一位交易者都要记住并且遵守这一条规则，当你在连续的很多次交易中赚到钱之后，只要连续出现了2笔~3笔的亏损，这时就要先离开市场，去休息，使自己有充裕的时间来归纳总结和分析自己的判断。之后，一直到认为自己的运气又回来了，就开始小仓位交易。假如第一次的交易又赔了钱，就得再离开市场，休息一下。之后再开始交易，假如开始的2笔~3笔交易都赚了钱，那去抓住自己的好运吧，希望自己可以顺利地赚一段时间了，直到又看到了自己趋势反转的信息，这时就一定要及时收手，离开市场去守住已经得到的利润。

当我长时间远离市场，回来继续交易的时候，都是可以获得非常多的利润；但在我一直在市场中进行交易的时候，我都是会赔很多的钱。任何人在持续不断的交易后都会感到精神紧张，这样就不太适合进行交易了；当他没有精力、状态不好的时候去进行交易，判断能力就会降低，所以会赔钱。如果趋势和你相反，你却继续待在市场中，并带着期望继续持有着股票，这是没有任何意义的，一定要及早认赔并退出来。离开市场去等待机会，直到行情变好、自己身体良好、精力充沛的时候，就可以赚到钱。在市场中进行交易就是智慧的战争，头脑一定要灵活、思维要敏捷同是还要时刻保持警觉。你一定要将思维转变过来，同时要抓紧时间行动。假如你觉得自己的思维变得缓慢了，也不可以做到即使行动了，那么你的状态就不好，不可以继续在市场中进行交易。

我一直保持着和经纪行之间的联系，我知道非常多的交易者的情况。我以前见过连续几天或是几个星期都和那些交易者交易的方向相反。渐渐地，那些交易者就会离开市场，而仍然会有少数人固执地继续留在场内。我觉得这就是固执，而那些交易者却说这是叫有勇气；然而当一个在行情和他交易的相反的时候还继续持有股票，这样不是有勇气，这是抱着自己的期望和固执继续持股。在市场和交易的方向相反的时候，勇气对交易者一点意义都没有，就算是有点用，交易者的资金都不够和大势对抗。交易者经常在交易大厅里互相聊天，在大部分人都赔完钱离开后，只有两三个人还在坚持的时候，他们就会一起交流，说自己想存入更多的保证金，一定要坚持到底，直到趋势发生反转。最后，就剩下一人，他自己不想在底部全部抛售，而是要等到行情反转。最终，他的期望没了，换来的是绝望，他在一个将要反弹的位置上卖出了。但价格没能到达他订好的卖出价格，以后的几天，他一直修改自己的卖出价格，但一直都无法卖出股票，行情一直在走低。最终，他以市价卖出了。可这却是我的买入做多的讯号。之后，我在市价买入，肯定会赚到钱。这就表示，交易者在长期持股后，都会在错误的时间内做出错误的事情。所以，交易者一定要在离开市场后，等到自己身体情况良好、有了充足的资金、勇气和知识的时候，自己心理准备好了，也看到机会了，再入市进行交易，这样就肯定能赚到大钱。

有个人在交易中得到了很大的利润，之后又全部赔光，他写了如下的诗：

失败者失去信心离场的时候，就是成功者全力入场之时，

战斗接近尾声，胜利就在越线那一瞬间。

在其他人不抱任何期望的时候采取行动，只有这样才能成功赚到钱。在一切都好像很差，大家都不抱有期望的时候，正好就是买入股票的好机会。假如每个人都看好市场，情绪非常高涨，市场的天空万里无云，那么这就是最佳的卖出时机了。一种情况就是，期望使大家失去了判断的能力，另一种情况就是，恐惧使大家失去了期望，没有了判断的能力。绝望的交易者会在底部把手中的股票全部抛出去，而这些交易者中很多的人都会选择反手做空。这个时候，那些聪明的笨蛋有了机会，有勇气敢在这种特殊情况下进行交易的人就会得到丰厚的利润。

那些带着自己的钱离开市场，然后一直分析和研究行情发展变化的交易者，才可以在这样的特殊情况下，发现这个机会，并且及时行动。

恐惧和知识

在华尔街，恐惧是亏损的主要原因之一。实际上，在生活中出现的大量问题和不幸都是恐惧造成的。恐惧的成因是什么？就是因为愚昧和无知。真理就是研判是不是可以的知识。假如一个人得到了知识，这个人就可以知道并且可以把事情看得很清楚，这样他就

不会恐惧。得到了知识，这个人就不会抱着期望，他知道要发生什么事情，所以他就不会对将要发生的事情抱着任何期望或者恐惧。

交易者为何在最低点抛售股票？就是因为他产生了恐惧，怕股票会继续下跌。假如他知道股票价已经运行到了底部，他就不会产生恐惧，他不仅不会抛售，而且还会继续买入。在股价运行到顶部的时候，也是这个道理。交易者为何在顶部继续买入或回补空头仓位？就是由于他不再抱任何期望了，怕股票还会上涨。假如交易者们都拥有了足够的知识，他们就不会恐惧，而是会通过正确的方法做出正确的判断。假如交易者们想获得成功的话，就一定不能有期望和恐惧；不被这两种假象蒙蔽的唯一方法就是，尽可能地去学习更多的知识。

1929 年 10 月 25 日：纽约证券交易所内的股票经纪人，前一日的恐慌在继续

为何交易者不在高位抛售股票

　　每到牛市的时候，都会有很多这样的交易者。他们本来能有很多的利润，最终没有在恰当的时机抛售股票。这些交易者只能看着自己买入的股票下跌，甚至有时会在回吐 50 点～100 点的利润的时候才抛售。这里面一定是有原因的，我们听到过许多人说过在华尔街的心理问题，并且有些人还说，1929 年华尔街的恐慌就是因大家的心理引发的。从一定的程度上看，这就是事情的真实情况，假如曾经大家的心理并没造成那次所有人都在买入做多、乐观同时最终没在得到大量赢利时出场，那么这样的心理就不会引起那次恐慌。

　　以下这个真实的事情，展示了为何在获得足够多的浮动利润后没有出场的原因。这是我认识了几年的一位先生，他于 1921 年在 80 美元左右买入了美国钢铁公司的股票，并且一直持有。在 1927 年的时候得到了 40% 的分红。然后这只股票下跌，最低点为 111.25 美元；之后反弹，在价格反弹到 115 美元的时候，又买入一些，而且一直持有全部股票到了 1929 年 9 月，那时的价格是 261.75 美元。在价格到达 175 美元的时候他说要在 200 美元的时候抛出这些股票；而在价格达到 200 美元的时候，他说价格一定会到 250 美元，然后就一直等待价格达到 250 美元的时候再抛售。大概是该股价格到了 250 美元的时候，他见到了我的一位朋友，对我的朋友说："江恩现在对美国钢铁公司怎么看？"我的朋友说："江恩说这次的行情会在 8 月底左右形成顶部，他准备做空美国钢铁公司。"之后他说："有人告诉我美国钢铁公司能涨到 300 多美元或者更多，然后会拆股，1 股分为 4 股，我想到那时候再卖。"1929 年 11 月，美国钢铁公司的价格跌到了 150 美元，他来到了我朋友的办公室，我朋友问他："H 先生，美国钢铁公司在 250 美元以上的时候卖出了吗？"他回答说："没，我没卖。现在还在持有。"我朋友问："你有那么多的浮动利润的时候，为什么没卖啊？"他回答道："当价格接近顶部的时候，我就像被催眠了一样，好像睡着了；之后当价格靠近底部的时候我醒过来了，才知道发生了什么，但为时已晚了。"

　　这个人的回答表明，大家的确像是被催眠了似的，不知道发生了什么或者将要发生什么，一直到为时已晚的时候。这也是为何他们没在高位抛售股票的原因之一。假如交易者和投资者知道在有了利润之后就要设置止损——这样在股票下跌的时候，这些交易者就可以守住自己赚来的大多数利润退出来，这样的结果就会好很多。这个人让自己本来在正确的时机买入的股票，在得到大量的利润后，看着利润减少了 100 多点，自己大部分的利润都回吐了，这不就是白忙活吗？的确，在美国钢铁公司下跌 20 点的时候，他没考虑过后面还会下跌 80 点或者更多。他要是知道了就一定会马上卖出。要牢记，最后有意义的不是自己的想法、看法或者期望，而是市场的走势。所以，只要已经得到了利润，就一定要采取可以保护自己利润的措施。我认为，止损就是最好的自动保护的措施。

聪明的笨蛋

　　过度相信自己的交易者认为自己已经掌握了一切信息，这些交易者总是依照小道消息和内幕进行交易，这些人以为自己什么都知道，对自己不知道的东西加以谴责，一定不会有进度的。这种人把那些相信科学和行情图的交易者叫做笨蛋。凡人或是平民以为将科学用于股票市场中，是很愚蠢的，而他们不知道怎么去分析图表，也说行情图是没有用处的。这些人觉得，相信行情图的人是愚蠢的，他们并不了解如何去分析。这些人没有很多的交易经验，也没受到过准确解析或是预测股票今后趋势的训练。成功的那些交易者清楚自己很多知识都不懂，一直努力去学习。一个人只要觉得自己已经什么都懂了，那么他离失败就不远了。假如市场变得不活跃了，价格就会停滞；假如人不再学习了，就会退步。成功的人才是有并且能够坚决执行自己的计划和规则的。

第 **4** 章

时间图和趋势的改变

江恩 华/尔/街/选/股/智/慧

分析股票走势的新方法

分析股票走势的旧方法就是待在行情报价机旁，关注某只突然变得活跃并且成交量放大的股票，然后进行买入或者卖出的操作。以前每回至多有 3 只～4 只活跃的龙头股，在那个时候使用这种方法是有效的。然后现在就失效了，现在一天的时间内，就有 800 只股票在进行交易。这些股票中有很多股票在进行相反方向的运动，一些股票持续上涨的时候另一些股票却持续下跌。成天围在经纪行的行情报价机旁的交易者，从 1921 年之后就无法在股市中赚到钱了，而且将来也不能。

现在有了分析股票走势的新方法。这种方法在以前和今后的市场中都有效，交易者们只要能够消除人为的因素、依照客观的逻辑操作、消除自己的期望和恐惧，那么这种方法就有效。我在《股价的秘密》这本书里写过，分析走势的正确方法就是离开行情报价机，在每日收盘后进行分析。工作多的人要在收盘之后查阅报纸，记下自己看好的个股的最高价格和最低价格。还要去看下大盘，也要留意成交量大于 10 万股的股票。这种股票不是已经成为龙头股的就是将要成为龙头股。假定交易者已经关注某只股票有几个星期或几个月了，这只股票的成交量从没过万，之后在某一天，交易者从报纸上看到这只股票的成交量超过了 2.5 万股。这就表示该股上升或下降的趋势还在进行中，交易者要入场进行交易。以下的方法能够作为一条规则来运用：假如某只股票的成交量十分巨大，而且其波动的幅度却非常小，那么就要等其有了较大的波动幅度的时候才可以买入或者卖出，同时，不管趋势的方向是上还是下，始终要和趋势的方向相同。依照交易规则和现有的例子，绘制出这只股票的日线、周线、月线和年线的高低点走势图，而且依照这个走势图对这只股票进行分析和判断。这就是分析股票走势的新方法。

时间记录能证明起因和结果

研究了以前的交易情况还了解了将来只是去重复以前，可以依照时间和规则寻找起因。有的时候，为了找到起因，就得追溯很早的事情了，由此我们一定要去分析战争和战争的影响、战前战后的一切情况。一般人记忆的时间都不会很长。只记住需要记住的事情或者期望和恐惧的事情。这些人太依赖别人了，自己不会去分析。所以，要把以前行情的变化制作成记录、图表或者曲线图，这样来提醒自己以前发生过的事情，今后可能会又发生，而且不要让自己的主观意愿影响自己客观的判断，更不可以只由于希望而买入股票，觉得恐慌不会再次发生。只要世界还没有消失，那么恐慌就不会消失，会再次发生，之后也会展开牛市，这和海水的潮起潮落一样是不容怀疑的。这是由于人的性格弱点就很容易把一切的事情做得过度。当人们充满期望并且很乐观的时候，就会变得极端；而在感到非常恐惧的时候，就会变成另一个极端。

1929 年的时候，交易者犯的错误是卖出过早和买入过晚。假如交易者的手中有平均指数和个股行情走势图，就完全能够不犯这些错误。他们可以通过手中的走势图发现个股的顶部和底部都在依次上移，特别是强势的个股，本来他们不应该卖出这些股票的。道·琼斯平均价格指数向上突破了 1919 年的当时历史最高点的时候，这就表明，牛市还要走很长的时候，股价要涨得更高。那个时候，美国的购买力加大，美国的资金也比以前要更加充足。有如此多的人被诱惑来进行投机是史无前例的，这种力量的加入也使股价超过其内在价值。但是，假如可以准确地分析，就可以从走势图上看到个股都是一直持续上涨的；假如交易者可以准确地分析出走势图的内容并且依照其内容进行交易，就不会出现错误。由于期望或者恐惧的原因买入或者卖出股票是最差的事了。任何交易者在进行每一笔交易的时候都一定要有充分的理由，还必须要事先想到自己没准会出现错误，所以就必须设置止损，这样在自己出现错误的时候就可以加以保护。

1929 年的美国，满街的失业者

一定要经常观察自己想要介入的那只股票，还要在这之前了解这只股票以前的记录。假如这只股票不久以前或者几年以前就发生过大幅度的运动，而现在好像在狭窄的区域内震荡或者说横向运动，就暂时别交易这只股票，直到这只股票有了明显的上涨意图再交易。假如这只股票在以前的一次牛市里是龙头股，或是熊市中的超跌股，这只股票就有很大的概率在下次行情中不会成为龙头股或者超跌股，除了走势图说它将成为龙头股或者超跌股。

认真分析和研究任何一只股票和任何板块，留意观察它们在调整的时候的走势。这样就可以知道它们是在牛市的哪一个阶段，或者正在熊市中，熊市在形成最终的底部以前都会运行3~4个阶段。观察下手中的走势图，就可以看到所有的个股和板块在熊市中都会分成3~4个阶段。最先展开的是急速的下跌，然后就会发生反弹并且将股票派发出去。然后又开始下跌。接着是一段停滞，再发生反弹，然后又下跌。又是停滞，投资者们都会感到恐慌，并且知道了股票不会涨回去了，全都抛售手里的股票，这就造成了暴跌，也就是彻底抛售。这时，所有人都在恐慌，都认为肯定不会上涨了，所以都是将股票全部抛售。这个时候就是为了下次牛市而可以长期持有股票的最好时机。

多年以来努力得到的利润，可能在5周~7周的恐慌暴跌中就没有了，就像1929年9月~11月的那次一样。将自己多年来的利润全都亏掉的原因，就是没有止损，没对自己的资金进行保护。设置止损是交易者唯一的也是最好的保护措施，它是自动执行的。在交易的时候，可能交易者会自己去想一个止损的价格，而当价格运行到这个止损的价格时，交易者却不会将手中的股票平仓。他们认为，发生了10点~20点的调整是再普遍不过的了。他们以为，假如发生了幅度较大的下跌，而且股价已经跌了10点~20点的时候，跌得够多了，无需再害怕还会再跌很多了。像 1929 年那样，这只股票可能在恐慌的时候，下跌 100 点~200 点，甚至 300 点。这时，除了提前设置好止损或者在一看股票下跌便马上抛售，不然的话交易者没有任何机会守好自己的利润和本钱安然离场。

一种最好用的走势图

交易者不看重走势图的原因就是他们不懂得什么样的走势图是最好用的。这些人在各种走势图中运用一样的规则和理论。最容易欺骗交易者的走势图就是标出波动 2 点、3 点或 5 个点范围的走势图。这样的走势图并没有结合时间的因素。还有的走势图会常常有虚假波动，所以欺骗了交易者，这种走势图就是日线走势图。该走势图的缺陷就是它表现的都是小幅度的波动，这就好像是小石头被扔进大海，然后引起的波纹一样，不能对意义重大的主要趋势起到任何的影响。而大部分的交易者用的都是这两种走势图。

最好用的走势图就是周、月和年线走势图。周线走势图中标出的最高点和最低点比日线走势图中的价值大很多，因为在时间上，存在着 7 倍的关系。而月线走势图的价格又比周线走势图的价值要大，在时间周期上，月线走势图是周线走势图的 4 倍；是日线走势图的 30 倍。而年线走势图是最好的主要趋势的风向标，假如结合月线走势图使用，交易者能从中得到最大的帮助。在时间周期上，它是日线走势图的 365 倍，是周线走势图的 52 倍，是月线走势图的 12 倍。

在价格运行很活跃的时候，日线走势图和周线走势图是非常有效的；价格在高位区运行的股票在最后暴涨的时候，这两种走势图会十分有效，它们表示的是趋势最早发生的变化。它们的效果，在快速运行的顶部会比快速运行的底部更有效。但假如市场发生急速的恐慌性下跌的时候，日线走势图和周线走势图就会很有效。而对于长期持有和分析主要趋势最有效的走势图是月线走势图和年线走势图。

根据时间周期图判断趋势

美国铸铁管（U.S. Cast Iron Pipe）——图2（见 P 58）中是20 天、20 周、20 月和 20 年中该股的走势。从幅度上来看，这些走势图基本上是一样的。但为何在日线走势图和年线走势图基本相同的情况时，年线图表中该股会有大幅上涨的情况？就是因为 20 年内积累的力量和买盘一定不会是在 20 天、20 周或 20 月内就可以积累完毕的。就是因为这样，才欺骗了很多研究走势图的交易者。假如一只新股或是新行情刚开始，只有几天可以进行收集和派发，那么就不可以期待一个长期的上升或者下降的趋势。假如没有充足的时间进行收集和派发，就不会有长期的上升或者下降趋势。一只股票往往会发生许多虚假的运动。在它进行收集或者派发的时候，它会许多次都接近派发或者收集区域的上沿或者下沿。但只要该股的价格突破或跌破了这个区域，那么该股就会创新高或者新低，快速运动就此开始。

看走势图定趋势

美国铸铁管——图2 中的是该股在 1902年 ~ 1930 年 4 月的年线走势图、1920 年 1 月 ~ 1921 年 12 月的月线走势图、1921 年 5 月 28 日 ~ 10 月 8 日的周线走势图和 1922 年 12 月 5 日 ~ 30 日的日线走势图。给出这些不同周期的走势图的目的，是通过 20 年、20 月、20

美国铸铁管（U.S.Cast Iron Pipe），即现在的美国管材与铸（U.S.Pipe & Foundry）

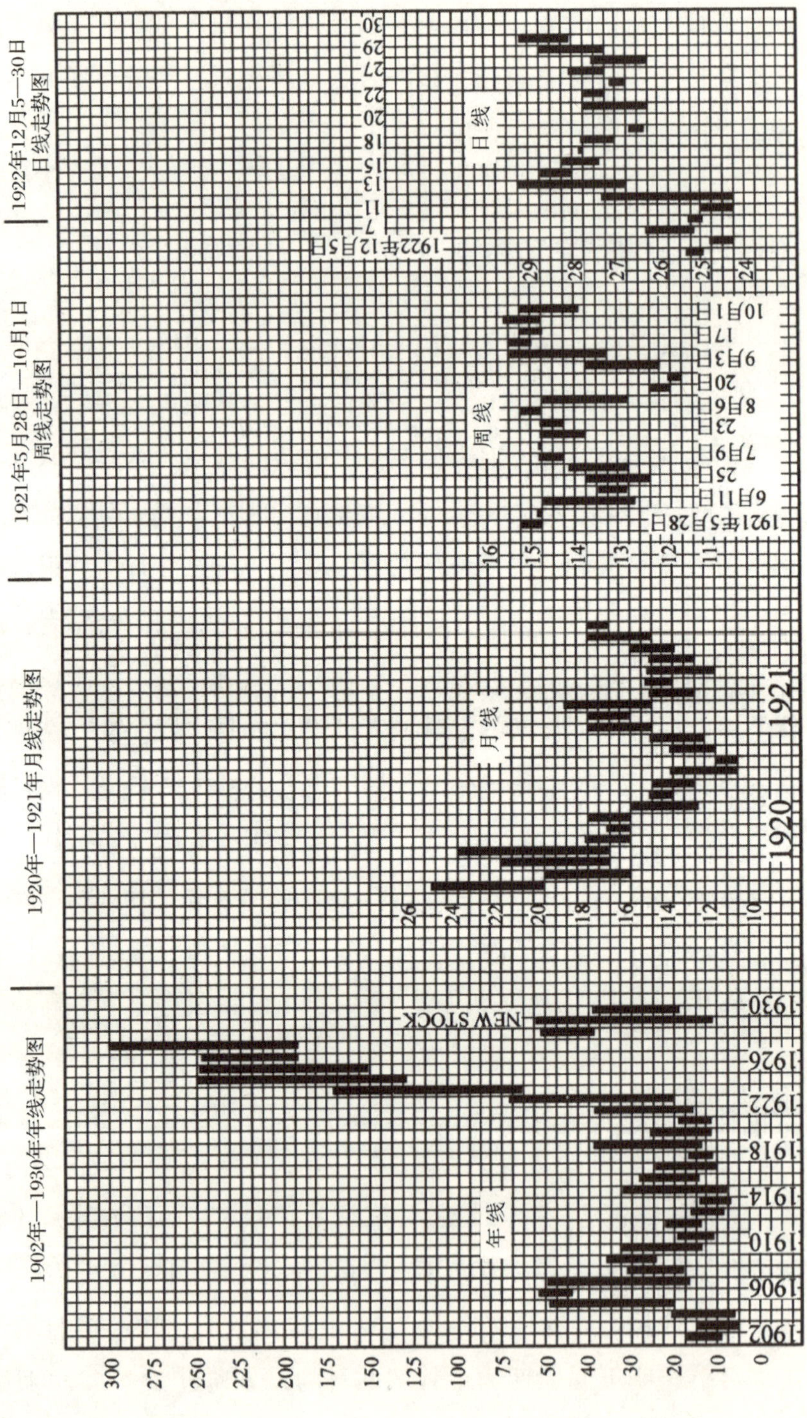

图 2

周和 20 天的价格，证明一只股票突破了不同周期的阻力位以后，是怎么运动的。这几张走势图好像基本一样，但由于时间周期的不一致，所以，这就造成了在价格突破阻力位以后，上涨的幅度差距很大。

日线走势图给出了股价在 20 多天时间内的最高点和最低点，表示了该股在 1923 年 1 月的时候，价格突破了 30 多日以来的最高点 29.5 美元的时候，价格上涨较为缓慢，于 1923 年 3 月上涨到最高点 34 美元，只涨了 5 个点用时却在 90 天左右。然后开始下跌，于 1923 年 7 月的时候跌到了 20 美元，然后才开始大幅度的上涨。这个时候，在日线走势图中的价格到了新的高位之后，一些只分析日线走势图，不去分析其他周期走势图的交易者就很有可能被欺骗。

然后，我们观察一下 1921 年 5 月 28 日～10 月 8 日，持续下跌 20 周的时候，周线走势图的运行。1921 年 11 月，该股突破了以前 20 周里的最高点 15.75 美元，于 1922 年 1 月上涨到 21 美元。然后开始下跌，在 2 月的时候跌到了 17 美元。从这开始，在 1922 年 4 月的时候，该股价格涨到了 38 美元，也就是该股在成功突破了 20 周里的最高点之后，只上涨了 22 点却用时 18 周。但是，这和日线走势图相比较，要比该股突破 20 天里最高点之后的涨幅大很多，因为周线走势图在时间周期上是日线走势图的 7 倍。

然后，我们再观察月线走势图的变化。1920 年 5 月的最高点为 18 美元，11 月和 12 月的最低点为 11 美元，1921 年 5 月的最高点为 18 美元，8 月的最低点为 12 美元。1920 年 5 月～1921 年 12 月，总计 20 个月。1922 年 1 月该股突破了两年以前的最高点 18 美元，然后在 4 月的时候上涨到 38 美元，之后在 1922 年 8 月的时候创出新高，为 39 美元。突破了 20 个月内的最高点后，上涨了 20 点用时 4 个月。1922 年 8 月以后，该股在 1923 年 7 月跌到了 20 美元，然后从这个位置开始大幅度上涨。通过日线、周线、月线走势图，可以发现，在该股的价格突破了前面的最高点之后，都展开了上涨趋势，而且很强势，但并没有涨得很多，幅度不算大，然后就开始下跌。但在月线走势图中却可以发现，顶和底都是在不断地上移的，这就意味着今后还是继续上涨。

年线走势图是最重要的，它很少出现假象，因为它的时间周期非常大。1906 年的时候，该股的最高点为 53 美元，在 1914 年的时候跌到了 7 美元，1915 年 ~ 1916 年和 1919 年的两次牛市中，该股的价格都没超过 30 美元。1923 年 7 月，该股从 20 美元的位置开始上涨。在 11 月的时候，该股突破了 1919 年的最高点 40 美元，在当月就突破了 1906 年的最高点 53 美元。这时，离 1903 年的极低点 6 美元已经有 20 年了，离 1906 年的大顶也已经有 17 年了。这就可以证明，强大的买盘使该股的价格突破了全部的高点，之后还会有大幅度的上涨。在涨到 53 美元以后，没有调整到 50 美元，而是一路上涨，直到 1925 年 2 月涨到 250 美元，比 1923 年 7 月的 20 美元的最低点多了 230 点。而这次的大幅度上涨，仅仅用了 18 个月，这也是一次使用金字塔加仓法进行加仓的极佳行情。这就表示，任何一只股票的年线走势图有非常大的作用。分析和研究这些走势图，最终的结果会证明，它们就是研判大趋势的最好的风向标。

怎样研究日线、周线和月线走势图

留意看日线走势图在第 1 阶段、第 2 阶段、第 3 阶段和第 4 阶段的变化。假如一只股票先开始上涨，然后停滞，展开了我们常说的窄幅横盘运动，之后又持续上涨突破阻力位，然后就要观察它的第 2 次、第 3 次和第 4 次停滞时的情况。在它进行第 3 次和第 4 次上涨的时候，就得留意趋势的变化了，这时很可能就是最后的阶段了。还要把相同的规则用在周线和月线走势图的第 1 次、第 2 次和第 3 次运动里。这个规则可以在大幅运动的时候使用，也可以在小幅运动的时候使用。（图 10）当平均指数或者个股开始下跌的时候，一般都会在形成最终的底部前出现 2 次~4 次下跌。假如趋势要反转了，那么它就会在刚出现 1 次~2 次下跌以后开始反弹。但是，在长期下跌和第 4 次下跌以后，就得留意看底部的形成和趋势的变化了。

日线交易规则

日线交易或短线波动，能根据这条规则，就是一定要等待一只股票位于顶部或底部的时候停留 2 天~3 天之后再进行买入或卖出的交易。因为这就表示了买方的力量或卖方的力量已经大到可以制止住下跌或者上涨的趋势了。不管是买入还是卖出的时候，都要设置止损，止损的位置就是在最高点或最低点之外 3 点的位置。

但这条规则在恐慌那段时间就不可以用了。当波动非常大同时成交量也很大的时候，就不需要等 2~3 天了，因为价格将会有急速地上涨或者下跌的反向运动。所以，在发生急速上涨的时候，要马上平仓，为了得到利润；当出现急速下跌的时候，就要回补空头仓位，看下一天的行情会怎么走。比如，1929 年 3 月 25 日，那时的成交量大于 800 万股，全部的股票都在急速猛烈地下跌，交易者就要平仓，在场外观望或者买入等待反弹。在 1929 年 10 月 24 日、29 日和 11 月 13 日这 3 天恐慌的日子，又发生了成交量很大的急速下跌，而之后就发生了反弹。

对于不活跃的那些股票，就不要出现像抓顶或抓底的这种错误，必须要等这只股票已经发出明显的趋势反转的信号，新的行情已经启动，再进行交易。要按照个股的情况对其进行研判，不要以为它一定会随着其所在的板块运动，除了这只股票的变化非常明显，不然就不要以为它可以顺应板块的趋势。

依照通用汽车 1921 年~1924 年的最高价和最低点绘制成走势图，观察当通用汽车正是非常不活跃，还在一个狭窄的区域震荡的时候，克莱斯勒汽车、哈德逊汽车和其他一些汽车股是怎样上涨的。然后，在通用汽车已经表现出大趋势已经反转向上时，直到 1928 年、1929 年持续上涨，最终形成的大顶，然后主趋势反转向下。

留意怀特汽车在 1921 年~1925 年的情况，之后观察在通用汽车上涨的时候，怀特汽车是怎么一直下跌了快 100 点的。怀特汽车的走势图明显地告诉主趋势已经反转向下了，交易就要在买入通用汽车的同时做空怀特汽车。这么做就是保证自己不犯错误，而且还能够跟紧趋势。

要牢记，关于预测主要趋势的变化，我觉得周线和月线走势图是最有用的。日线走势图会出现过多的假象，我们往往就被它欺骗了，因此大部分的情况，这个走势图的表现都是次要的。

周线交易规则

关于周线走势图，最佳的交易规则之一就是，等走出了 2 周~3 周的回调之后再买入做多。这条规则要在活跃的个股上使用，大部分的活跃股都不会在重回主趋势前调整 3 周~4 周。假如在熊市中，就得反过来使用这条规则，在价格反弹 2 周~3 周之后再做空。一定要在第 3 周的时候留意上涨或下跌发生的改变。

关于快速上涨和下跌，周线走势图的交易规则是：在第 6 周~7 周的时候，留意上涨或下跌时最终的顶部或底部的形成；先要观察股价形成顶或底那周的日线走势图，然后卖入或者卖出，还要在阻力位之外设置止损。

月线交易规则

强势并且在上升趋势中的个股很少会在第2月的时候展开调整。我们的交易规则就是：买入它，并且在上一个月最低点下设置止损。要一直留意上涨的起点，不论它是从大底开始上涨，还是从稍高的第1个、第2个、第3个或第4个底部开始上涨。这些起点都是买入的位置，而止损一定要设置在这个点下面3点的地方。假如一只股票形成了顶部或底部，然后又下跌或者上涨，同时这样运行已经到了第二个月，之后就要留意趋势变化，趋势发生变化最重要的时间是第3个月和第4个月。

全部这些规则在那些十分活跃，同时交易量很大，一直在运动的股票上是非常有效的。观察并研究下这些股票的日线、周线和月线走势图就能知道这些规则的效果多么巨大。

周线和月线的变化

月线的变化比周线要重要，这些交易规则也只能在活跃的市场中使用。

重要的变化往往在周一的第1个小时中发生。假如一只股票在周一的时候低开，而12点前并没跌过这个价格，这就是一个好的标志。假如之后在收盘的时候，较为强势而且有所上涨，这就表示价格会继续上涨。周一重要的原因就是大家都会在每周一的第1个小时内大量买入或者卖出，而这样就会让价格上涨或者下跌。假如专业人士在支撑价格，他们就会在大家卖出股票的时候买入，进行收集，使价格上涨。假如大家正买入，专业人士或大的机构不去支撑，他们就会使大家的购买欲望满足，所以价格就会下跌。

要留意趋势变化，第2重要的时间是周三，特别是下午。当行情持续上涨或者下跌，就常常会在周三的下午或者周四的上午第1个小时内达到最高点或者最低点。

在一周里，第3重要的时间就是周五。交易者都是多疑还迷信的，因为他们交易的理由是自己的期望和恐惧。交易者害怕周五，这天是行刑的时间，很多国家都会在这天执行绞刑。他们怕周五是13号，其实这个时间没有什么；行情决定着全部。而周五的上午往往会形成一周中的最高点或者最低点。主要的原因就是获得浮动利润的大资金交易者会在周五进行平仓，而不在周六的较短的时间内进行交易。另一个原因就是，美联储银行都会在周四收盘后公布经纪的贷款额。假如行情很弱，而且在一周的时间内都在下跌，交易者就不会再有任何希望了，会在周五退场，等待下一个机会，所以周五的时候，价格到了最高点的时候就会下跌，因为空头回补弱化了技术面。

每月的日期和趋势的变化

要留意股票在每月前几天的运动，这很重要。重要的变化往往发生在每月1日~3日。原因就是经纪人的客户们会在每月的1日得到交易清单，了解自己账户的状态。他们往往想保证拿到利润或者由于价格下跌使自己的账户亏损而选择把股票都抛售出去。每月10号对趋势变化也是非常重要的，15日也重要，但稍差于10日。20日~23日也是要留意趋势变化的重要时间，每月这个时间附近，价格都常常会达到最高点或者最低点。

从我的经验来看，前面说的那些日期都是非常重要的，而这对每一个想留意这些日期的交易者都是非常有价值的。在大部分时间里，这些日期都可以帮助交易者预测顶部或者底部。

美国钢铁公司的月线走势图——和前面说的一样，要留意一只股票每月达到最高点或最低点的日期是非常关键的。这样一来，我们就可以更多地熟悉其运动，可以研判这只股票是否能在月初、月中或者月末达到最高点或者最低点。下面以美国钢铁公司为例子，来看一下小级别的运动和每月的最高点和最低点。

1927 年

1 月：4 日、5 日，最低点；11 日极高点；28 日，极低点。

2 月：2 日，最低点；15 日，最高点；20 日，回调的最低点；24 日 ~ 28 日，本月的极高点。

3 月：2 日，最低点；17 日 ~ 18 日反弹的最高点；22 日，回调的最低点；30 日、31 日，极高点。

4 月：9 日，第一个最高点；12 日、13 日最低点；18 日 ~ 19 日，反弹的最高点；22 日，回调的最低点；25 日、26 日，反弹的最高点；28 日 ~ 30 日，极低点。

5 月：2 日 ~ 3 日，最低点；11 日，最高点；16 日 ~ 17 日，回调的最低点；21 日，反弹的最高点；25 日，下次运动开始的最低点；26 日，极高点。

6 月：1 日 ~ 2 日，本月极高点；14 日 ~ 15 日，回调的最低点；20 日，反弹的最高点；30 日，极低点。

7 月：1 日 ~ 2 日，极低点；14 日 ~ 15 日，反弹的最高点；18 日 ~ 19 日，回调的最低点；29 日，极高点。

8 月：3 日，本月极高点；8 日 ~ 9 日，最低点；10 日，快速反弹；

12 日，最低点；30 日，极高点。

9 月：1 日、2 日，极低点；15 日、16 日，极高点；19 日，回调的最低点；26 日，反弹完毕；29 日，回调的最低点。

10 月：4 日，最高点；10 日，最低点；14 日，反弹完成；29 日，跌至极低点。

11 月：1 日，极低点；15 日，反弹的最高点；17 日，回调的最低点；19 日，反弹的最高点；21 日、22 日，回调的最低点；26 日、29 日，极高点。

12 月：1 日~2 日，最高点；9 日，回调的最低点；16 日和 20 日反弹完成；21 日，回调完成；24 日，形成极高点；30 日，与 9 日一样的最低点。

1928 年

1 月：3 日、4 日，反弹的最高点；10 日、11 日，下跌完成；14 日，反弹完毕；18 日，下跌完成；27 日，形成极高点。

2 月：4 日，最低点；9 日，反弹完成；20 日，回调并出现最低点；23 日，反弹完成；27 日，下跌并出现本月极低点。

3 月：2 日，极低点；17 日，反弹的最高点；24 日，回调的最低点；26 日，反弹的最高点；27 日，下跌。31 日，出现极高点。

从这以后，因为美国钢铁公司越来越活跃了，所以只给出当月月初的日期、最高点、最低点和当月收盘价格。

4 月：2 日~3 日，最低点；12 日，本月极高点；24 日，极低点；30 日，在当月极低点的附近收盘。

5 月：3 日，最低点；11 日，极高点；22 日，极低点；25 日，反弹的最高点；29 日，在本月最低点附近收盘。

6 月：1 日，本月最高点；25 日，极低点；29 日，从 25 日展开的反弹完成。

7月：2日，最低点；9日，反弹完毕，然后下跌开始；12日、17日，下跌完成，出现极低点；28日，极高点；比最高点低3个点的位置收盘。

8月：3日、8日，极低点；29日，极高点；本月最高点的附近收盘。

9月：5日，极低点；22日，当月最高点；在最高点的附近收盘。

10月：3日，极低点；15日、24日，最高点；比最高点低6个点的位置收盘。

11月：1日～3日，极低点；16日～17日，极高点；在比最高点低6个点的位置收盘。

12月：4日，极高点，然后展开大幅度下跌；8日、14日，最高点，在4日展开的大幅度下跌到达最低点；比最低点高11个点的位置收盘。

1929 年

1月：3日，首个最高点；8日，极低点；25日，极高点；30日，从25日下跌开始到这天跌了13个点，在这个月以比最高点低9个点的位置收盘。

2月：2日，这个月上旬的最高点，然后展开下跌；16日，从2日开始下跌了20个点，形成极低点，然后展开反弹；26日，反弹完成；在比最高点顶部低5个点、比极低点高16个点的位置收盘。

3月：1日，这个月的最高点；6日、11日，回调的最低点在同一个位置；15日，反弹的最高点；26日，极低点；以高于最低点12个点的位置收盘。

4月：12日，极高点；17日，回调的最低点；30日，本月最高点；以低于最高点3个点的位置收盘。

1929 年 10 月 25 日：纽约证券交易所内的股票经纪人，前一日的恐慌在继续

　　5 月：1 日，本月最高点；31 日，该股到达极低点 162.5 点，这是大幅上涨开始之前的最终的最低点。

　　6 月：3 日，极低点；28 日，极高点；本月最高点收盘。

　　7 月：1 日，极低点；24 日，极高点；本月以低于最高点 4 个点的位置收盘。

　　8 月：1 日，极低点；14 日，回调开始的最高点；10 日，下跌了 9 个点；24 日，上涨并形成极高点；以低于最高点 4 个点的位置收盘。

9月：3日，到了这个月的极高点和该股的历史大顶261.75点；13日～16日，回调的最低点，下跌31个点；19日，大幅反弹的最高点，上涨17点；30日，本月的极低点。

10月：4日，最低点206.5点；11日，最高点234点；24日，这是首个恐慌日，形成最低点193.5点；25日，最高点207点；29日，这是大恐慌日，形成极低点166.5点；31日，反弹到193.5，本月在193点收盘。

11月：本月完成了恐慌性下跌，13日，出现了极低点150点；21日，反弹到171.75点；27日，跌到160.5点；本月在162点收盘。

12月：2日，最低点159.25点；10日，最高点189点；23日，最低点156.75点；这个月在166.5点收盘。

1930 年

1月：2日，极低点166点；10日，反弹到了173.25后，下跌到了167.25点；这个月的收盘点为184点。

2月：14日、18日，出现了本月最高点189.5点；25日，达到极低点177点。

3月：13日，极低点177.75点；然后展开急速反弹，在31日达到极高点195点，本月收盘在194点。

4月：3日，最低点192.75点；7日，最高点198.75点；14日，回调到192.25点。

每个月都需要留意这些小级别的运动，还要留意形成顶部和底部的位置，这就可以知道是什么时候突破或者跌破阻力位的。越能更多地去分析研究个股在时间和空间上的变化，就越能在交易中取得成功。分析任何一个重要的底部和顶部时的成交量，还分析个股的流通数量，就能有助于确定应该进行买入或者卖出。

观察趋势改变的月份

想了解运行完一次运动一般的时间，就得去研究这只股票在以前的运动。一次较大的运动或者震荡分成几个阶段。任何股票都有年度和季度上的变化，我们一定要观察这些季度的变化。所以，要去观察每年 3 月、6 月、9 月和 12 月的趋势变化，这是非常重要的，而留意大趋势的变化，关键的时间就是在"年底"的时候。我在此说的"年底"不是一般来说的那个每年 12 月下旬的年底。举个例子，若一只股票于 8 月的时候形成底部，然后大趋势反转向上，对于这只股票来说，关键的日期就是在下一年的 8 月，也就是形成 1 年之后，那时，我们要留意持续 1~3 个月或更多时间的小趋势上的变化。

我很多次提到过，股票和人是一样的，有着自己的习惯；要想去研究一只股票的状态，就一定要有它自己的趋势，不能将所有的股票集合在一起。关注一只股票的时间越多，分析和研究得越多，就能对它的情况掌握得越多，就可以知道它会在什么时候形成顶部或底部。观察一下美国钢铁公司的走势图（图3），就可以看到关键的顶部和底部是怎么形成的，也能看出每年关键的趋势变化都是在什么时间出现的。就像数据显示的，美国钢铁公司在 1 月和 2 月、5 月和 6 月、10 月和 11 月出现顶部和底部的次数要比其他月份出现的次数多。该股在 2 月形成底部的次数是最多的月份。所以，知道每月的情况，就能够注意趋势会发生怎样的变化，这能更多地帮助我们进行交易。

美国钢铁公司（U.S. Steel）——1901 年，5 月形成最低点；1902 年，1 月形成最高点；1903 年，5 月形成最低点；1904 年，5

美国钢铁公司 1901年～1930 年月线走势图

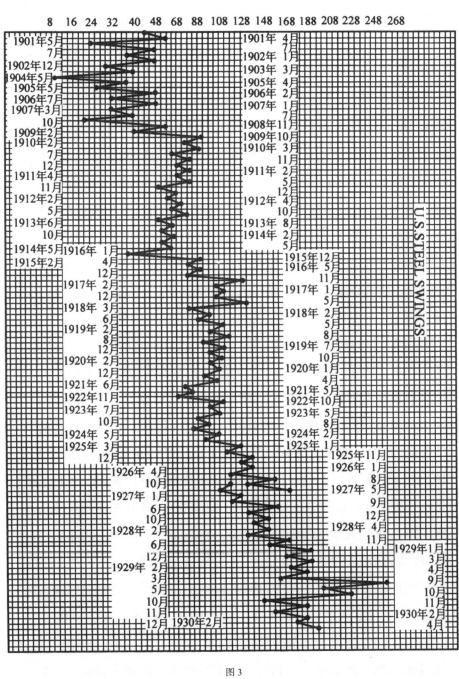

图 3

月形成极低点。1905年，5月形成回调的最低点；1906年，2月形成最高点；1907年，1月形成最高点，10月形成极低点；1908年，11月形成最高点；1909年，2月形成最低点，10月形成极高点。1910年，2月形成回调的最低点，11月形成反弹的最高点；1911年，2月形成最高点，5月形成另一个最高点，11月形成当年最低点；1912年，2月形成最低点，5月形成回调的最低点，10月形成当年的最高点；1913年，6月形成最低点，8月形成最高点，10月形成回调的最低点；1914年，2月形成最高点。5月形成最后反弹的最高点；1914年，7月~11月停市，11月，纽约场外交易所形成最低点；1915年，2月形成极低点；1916年，11月形成极高点；1917年，2月形成最低点，5月形成当年极高点；1918年，2月形成反弹的最高点，5月形成最高点，6月形成回调的最低点，8月形成当年的最高点；1919年，2月形成当年的最低点，10月形成反弹的最高点；1920年，2月形成反弹的最低点；1921年，6月形成当年的最低点；1922年，10月形成当年的最高点，11月形成调整的最低点；1923年，10月形成最后一个最低点，10月展开大幅上涨；1924年，2月形成回调前的最高点，5月形成当年的极低点；1925年，1月形成回调前的最高点，11月形成当年的最高点；1926年，1月形成回调前的最高点；10月形成大幅度回调的最低点；1927年，要注意，老股于5月形成当年的最高点，新股于1月形成当年的最低点，9月形成当年的最高点，10月形成大幅度回调的最低点；1928年，1月形成回调前的最高点，2月形成回调后的最低点，5月形成最后的最低点，然后展开大幅度的上涨；1929年，1月形成第一个最高点，2月形成回调后的最低点，5月形成最后的最低点，然后展开大幅度上涨，于1929年9月3日结束，形成历史最高价格261.75美元。之后10月开始暴跌，11月形成当年的极低点；1930年，1月初形成回调的最低点，2月

18 日形成反弹的最高点，2 月 25 日回调 12 个点，4 月 7 日，上涨到 198.75 美元，这个位置是本书写作前的最高点。

由上面的内容可以知道，假如我们可以认真分析美国钢铁公司之前 8 ~ 10 年的历史数据，也就是 1901 年 ~ 1911 年那时的历史记录，就能知道这只股票发生变化的时间都是在 1 月、2 月、5 月、6 月、10 月和 11 月。假如能知道这些，再结合我们研究走势图，就可以在预测这只股票什么时候会形成顶部和底部时有所帮助了。

通用汽车（General Motors）——观察和分析一下通用汽车于 1911 年在纽约股票交易所上市交易到现在的走势，如此一来就可以看到这只股票在哪个月形成顶部和底部。

1911 年，8 月形成最高点 52 美元；1912，1 月、2 月形成最低点 30 美元，8 月、9 月形成最高点 42 美元；1913 年，6 月形成最低点 25 美元；1914 年，5 月形成最高点 99 美元，7 月形成最低点 55 美元；1915，1 月形成最低点 73 美元，12 月形成最高点 567 美元；1916 年，4 月形成回调的最低点 405 美元，10 月形成极高点 850 美元。这时候，该股进行分红，新股开始进行交易；1917 年，1 月，新股形成最高点 146 美元，4 月形成最低点 98 美元，7 月形成最高点 127 美元，10 月形成当年最低点 74.5 美元；1918 年，2 月形成最高点 141 美元；3 月形成最低点 113 美元，8 月形成最高点 164 美元，9 月和 10 月形成最低点 111 美元；1919 年，11 月形成最高点 400 美元；1920 年，2 月形成最低点 225 美元，3 月形成最高点 41 美元，这时该股按 1:10 的比例拆股；1920 年，新股 3 月形成最高点 42 美元，等于拆分前的 420 美元；1921 年，1 月形成最高点 16 美元，8 月形成最低点 9.5 美元；1922 年，这只股票十分不活跃而且波动的幅度非常窄，3 月的时候形成了极低点 8.25 美元；1923 年，4 月、5 月形成最高点 17 美元，这年的波动幅度还是非常窄；1924 年，4 月、

5 月形成最终的最低点 12.75 美元，这时这只股票以 10∶4 的比例换成新股，不久后这只股票又开始活跃了；1924 年，新股在 5 月、6 月的时候形成最低点 52 美元；1925 年，11 月形成最高点 149 美元，12 月形成回调的最低点 106 美元，这次回调才下跌了 3 周，同时没有再跌到这个价格的下方，之后就是上涨到新高；1926 年，8 月形成最高点 225 美元，然后该股进行分红；1927 年，10 月形成最高点 282 美元，又进行分红；1927 年，新股在 8 月的时候形成最低点 111 美元，10 月形成最高点 141 美元，10 月、11 和 12 月跌到 125 美元；1928 年，5 月形成最高点 210 美元。6 月形成回调的最低点 169 美元，10 月～11 月，形成最高点 225 美元然后又进行分红；1928 年，12 月，新股开始交易，形成最高点 90 美元和最低点 78 美元。1929 年，3 月形成最高点 91.75 美元，7 月形成回调的最低点 67 美元，9 月形成最后反弹的最高点 79.75 美元,10 月形成当年的极低点 33.5 美元；1930 年，4 月，也就是写这本书的时候，该股涨到了 54 美元。

通用汽车的关键月份——从上面的内容和月线走势图可以发现，该股形成关键的顶部和底部次数最多的月份是 3 月、4 月、5 月、8 月、9 和 10 月。连续观察多年以来的数据，就能发现怎么掌握这几个月的最高点和最低点。所以，假如研究该股，还观察到该股形成最高点和最低点的月份，之后再看看今后的这些月份的变化，就对我们研判顶部或底部有所帮助。

1911 年，8 月形成最高点；1912 年，9 月形成最高点；1913 年，波动幅度较窄，6 月形成最低点；1914 年，5 月形成最高点；1915 年，1 月形成最低点，12 月形成最高点；1916 年，4 月形成回调的最低点；10 月形成极高点；1917 年，1 月形成最高点，4 月形成回调的最低点，10 月形成当年的最低点；1918 年，3 月形成最低点，8 月形成最高点；1919 年，11 月形成当年的最高点；1920 年，3 月新、老股形成最高点；1921年，8月形成最低点，10月形成反弹的最高点；1922年，3月形成最低点，8月~10月形成一样的最高点；1923年，4月、5月形成最高点；1924年，4月、5月形成最高点；1924年，4月、5月形成最后的最低点，5月新股创出新低；1925年，11月形成最高点，12月形成回调的最低点；1926年，8月形成最高点，11月形成最低点；1927年，8月该股进行分红并且新股在8月形成最低点，10月形成最高点，11月和12月该股进行回调；1928年，5月形成最高点，6月形成回调的最低点，10月、11月形成最高点；1929年，3月形成最高点，7月形成回调的最低点，9月形成最后反弹的最高点，10月形成当年的极低点。上面这些内容可以充分说明，假如可以留意3月、4月、5月、8月、9月和10月这几个月，就可以跟紧趋势，发现该股关键的趋势变化。

第 5 章

成功的股票选择法

江恩 / 华 / 尔 / 街 / 选 / 股 / 智 / 慧

现金买入

非常多的交易者都从阅读过的一些文章或者从别人的言论中得知有这样的一种想法：只有现金买入股票而不是用保证金，才能永远不会赔钱。但是用现金买入股票的缺点也不比其他的方式的缺点少。在适合的时机用现金买入股票是很英明的而且会得到收益。但交易者和投资者们一定要知道，现金买入的正确时机是什么时候。通常情况下，在时机来临时，使用现金买入股票和使用保证金买入股票在安全上来看是相同的，因为假如股票上涨，而且我们是在正确的时机买入，这些保证金就足够来保护账户了，还可以减少所需要的利息费用。大多数人将自己的全部财产或者绝大多数的本金都失去就是因为他们以为自己是现金买入股票的，觉得很安全，没任何风险，他们放任股票下跌，直到分红为零或者清算管理者接手，变得不值钱。但不管他们是现金买入这些股票或者保证金买入这些股票，假如他们设置了止损，就可以避免如此巨大的亏损。

我觉得能够100%安全的现金买入方法就是去买入那些不到12美元的股票，同时只使用自己10%的本钱去冒险，因为这些股票是有可能跌到一分不值或者被重新估价。看看历史数据，我们就能够看到，那些以前涨到过很高价格、可以定期分红的股票中，绝大部分都在以前的某个时间达到过 10 美元以下的价格，甚至有的还达到过 3 美元～4 美元的价格。所以，去买入那些不到 12 美元的股票的交易者，最多也就赔 12 个点而已。假如在现金买入的时候，价格比这个价格还高，同时也不去设置止损，就会出现将本钱全部亏损掉或者亏损一大部分的情况。后面我给的例子中，差不多任何一只大牛股都有过这样的情况：开始我们能在很低的价格买入，后来又到了极高的价格，这时就可以卖了。我还能够列举出更多的例子，但这些例子已经能够证明了。我也有无数的例子来证明：假如一些股票的价格达到极高点后，一部分股票今后永不能再次达到这个极高点。而有一部分却需要 20 年、30 年的时间才能再次达到这个极高点。

	极低点（美元）
阿德万斯·鲁梅利（Advance Rumely）	6
空气压缩公司（Air Reduction）	30
艾利斯－查默斯（Allis Chalmers）	1
美国汽车与铸造（Am.Car & Fdy）	11
美国树胶公司（Am.Chicle）	5
美国与外国电力（Am. & Foreign Pr）	12
美国冰业公司（American.Ice）	9
美国国际公司（Am.International）	12
美国机车公司（Am.Locomotive）	11
美国安全剃刀（Am.Safety Razor）	4
美国自来水厂（Am.Water Works）	4
美国毛纺（Am.Woolen）	7
安纳康达铜业（Anaconda Copper）	15

艾奇逊－托皮卡－圣菲铁路公司（Atchison）	9
大西洋海湾 W.I.（Atlantic Gulf W.I.）	3
巴尔的摩州－俄亥俄州铁路（Baltimore & Ohio）	11
伯利恒钢铁（Bethlehem Steel）	8
加利福尼亚石油（Calif. Petroleun）	8
凯斯收谷机（Case Threshing）	14
C.M.－圣保罗州铁路（C.M. & St.Paul）	11
可口可乐公司（Coca Cola）	18
科罗拉多燃油与铁矿（Colorado Fuel）	14
哥伦比亚天然气与电力（Columbia Gas and El）	15
玉米制品（Corn Products）	8
熔炉钢铁（Crucible Steel）	3
电力与照明（Electric Pr & Lt）	15
伊利湖铁路（Erie）	10
弗里波特德克萨斯（Freeport Texas）	8
通用沥青（General Asphalt）	3
通用电力（General Electric）	20
通用汽车（General Motors）	8
格利登公司（Glidden）	6
固特异轮胎（Goodyear）	5
格兰比建筑（Granby Cons.）	12
哈德森－曼哈（Hudson & Manh.）	4
哈普汽车（Hupp Motors）	2
IBM（Int. Business Mch.）	24
珠宝茶具百货（Jewel Tea）	3
堪萨斯苏打水（Kansas City So）	14

凯塞公司（Kayser J & Co.）	17
肯尼科特铜业（Kennecott）	15
洛斯保险公司（Loews）	10
墨西哥海岸（Mexican Seaboard）	3
密苏里堪萨斯－德克萨斯铁路（Mo.Kansas & Texas）	8
密苏里太平洋（Missouri Pacific）	9
蒙哥马利－沃德百货（Montgomery Ward）	12
穆斯林制造公司（Mullins Mfg.）	8
国家蒸馏产品（Nat. Dist. Prod.）	6
国家铅业（Nat. Lead）	11
纽黑文（New Haven）	10
诺福克与西部（Norfolk & W.）	9
北太平洋公司（Northern Pacific）	3
无线电公司（Radio Corp.）	20
雷丁（Reading）	3
共和钢铁（Republic Iron）	6
雷明顿兰德（Remington Rand）	17
圣路易斯SW（SLLouis S. W）	1
罗巴克邮购百货（Sears Reobuck）	24
南太平洋公司（Southern Pacific）	12
南方铁路（Southern Railway）	10
田纳西铜业（Term.Copper & C.）	11
德克萨斯与太平洋（Texas & Pacific）	5
联合太平洋公司（Union Pacific）	4
美国铸铁管（U.S.Cast I.P.）	6
美国工业酒精（U.S.Ind.Alco.）	15

美国不动产（U.S.Realty） 8

美国橡胶（U.S.Rubber） 7

美国钢铁公司（U.S.Steel） 8.375

美国钒钢（Vanadium Steel） 20

伏尔甘脱锡（Vulcan-Detinning） 3

沃巴什公用（Wabash Common） 5

华纳兄弟（Warner Bros.Pic.） 12

马里兰州西部铁路（Western Maryland） 8

西屋电力公司（Westinghouse Elec.） 16

卫氏泵（Worthington Pump） 19

莱特航空（Wright Aero） 6

正常或者平均性运动

　　我们要认真分析任何自己已经交易或者想要交易的股票，要去分析它每天、每周和每月的平均性运动。这点很重要，就是区分正常运动和反常的运动。反常的运动并不会连续地发生，而且时间上也不会很久。假如你正在交易美国钢铁公司这只股票，你就得了解这只股票以前的历史运动，还要了解它在一个月、一个星期和一天形成的最高点和最低点间的最大波幅是多少。在准备交易的时候，要先看一下前1年～2年的走势图，并且算出这些日、周、月的平均波动幅度是多少，这样一来，我们可以得知这只股票什么时候变得活跃，开始进入反常的上涨或者下跌的运动周期；还要去分析在这些运动在顶部或者底部最活跃的时候的成交量。大部分交易者都是在股票的正常运动时，进行交易而赚到钱，但在之后该股反常运动的时候，他们却亏损。要牢记，我们会在错误的时候进行交易，但是设置了止损就保护了我们、也能不让我们在错误的时间出仓。在资金方面，在错误的时间入场，又在错误的时间出场和自杀没区别；也就是说，本来可以在短时间内受到一点亏损的时候出场，但却不愿意认赔，非得等到亏损大到非常巨大的时候再出手。

底部上升和顶部下降

你要经常观察顶部和底部，并且将它们作为趋势变化的标志。不要马上就去交易，要等待别人先去试探道路，表示的确是发生反转了，再去进行交易。假如你正等着卖空呢，那么你就要等着你所要卖空的股票已经形成了 1 个~2 个更低的顶部和底部之后再交易，这会非常安全的，原因就是该股已经告诉了你趋势发生改变了。假如你正打算买入一只股票，这条规则也可以使用。还要多注意观察这只股票，等到这只股票的顶部和底部都上升之后再进行买入。假如一只股票没有出现上升的底部，这样的情况持续了几天或是一周了，那就表示这只股票比较弱，最好不要交易它。有时，一只股票的底部上升，但顶部却没有上升，换句话说就是没有突破前面开始下跌时价格。这样一来，就意味着买方的力量还不能够超过前面引起下跌时卖方的力量。我们要做到的是顺应趋势，而不是去对抗趋势。从大方面说，应该在看到准确的入场信息后再进行交易。

要注意观察顶部或底部变化的关键标志，就是持续几天出现小幅度震荡，同时成交量很小。假如一只股票急速上涨而且成交量很多，之后开始快速下跌，而快速下跌之后反弹的成交量很小，没能突破前面的顶部，并且在顶部附近的一个狭窄的区域内运行了几天，成交量也小，这就表示买方的力量小了，这只股票没法再涨了。这时，就要做空了。也能在这只股票向下突破这个成交量很小的狭窄区域后做空，在最高点上方设置好止损。

这条规则也使用于底部的时候。在一次暴跌后，并且暴跌时成交量很大，假如之后发生快速反弹，这就是说空头正在回补仓位；之后假如这只股票继续下跌，又跌到了极低点的附近，但是并没能向下突破极低点，同时成交量小、波动幅度小，就表示卖方的力量减弱了，已经不能继续让价格下跌了。这时，就要进行买入，还要在极低点的下方设置好止损，或者在价格向上突破了狭窄区域的时候做多，原因就是这样表示大趋势已经反转向上运行了。

普遍的交易价格

大部分情况下，人家的计划都是一致的。大家习惯了一些数字，所以竟常常在这些数字的价格上去交易，而不会是别的价格。一般的交易者想的是 5 和 10 的整数倍。大家喜欢的价格是 25、40、50、60、75、100、150、175、200、210、225、240、250、275、300、325、350、375 和 400。大家常常在思想中将这样价格作为交易的价格，所以，不管一只股票上涨还是下跌，都不会到达这些位置。所以，还要观察一只股票的运动，要在它的价格离这些数字还有几个点的时候，抢在前面进行交易。

比如，大家都要准备在 50 美元的位置去卖出一只股票，那么这只股票非常可能会在 48、49 或者 49.75 美元的位置滞涨，就是不到 50 美元。有智慧的交易者就会去看看走势图，这只股票在这样的整数关口附近的运动，之后就会立刻进行卖出，并不是等着那个大家都在等的价格。常常会有这样的情况，在一只股票 100 美元以上的时候，交易者会等这只股票下到 100 美元的时候大量做多。这只股票也许就跌到 102 美元甚至 101 美元，而不会跌到 100 美元。有智

华尔街崩溃时，在纽约证券交易所对面，国库分库大楼（现在是美国联邦大厅国家纪念馆）外和乔治华盛顿塑像周围聚集的群众

慧的交易者不去抓最后的 0.125 美元，而是在这只股票接近 100 美元的时候，同时手中的走势图也表明这个是一个支撑位的时候就买入做多。大部分交易者会在 100 美元左右买入，同时将止损放在离这个价格比较近的位置，觉得这只股票不会跌破 100 整数位。内部人士往往都知道这点，也清楚止损价都被设置在哪里，所以他们会让这只股票跌到 98 美元、97 美元或 96 美元，让止损被执行。如此一来，交易者就气馁了，然后这只股票就会又开始上涨了。一般情况，一只势态很强的股票，只要远远超过 100 美元，那么它就不会跌回 95 美元。

假如我们正在等股价到了这些价格的附近，然后买入股票，就得在该股突破这些价格的时候再买入。假如我要在 200 美元以上的时候买入，我会等着它上涨到 202 美元~203 美元附近，然后它可能下跌 7 美元~10 美元，之后再次涨到 202 美元~203 美元 2 次~3

次。这个时候，我就会留意它第 3 次突破 200 整数位时的情况。假如成交量大的话，我就会买入，等着它可以快速上涨到 210 美元或者能到 225 美元。假如这只股票可以很容易地就突破 210 美元，我会留意 225 美元这个强力阻力位。这只股票也许会稍微突破这个价格，也许在快到这个价格的时候就又跌回 215 美元附近了。但假如这只股票经过 2 次~3 次测试后突破 225 美元，就要再次买入它了，等着它能涨到 240 美元，也许会是 250 美元。

当一只股票的价格到了 300 美元的时候，这条规则也是可以使用的。在整数位附近，它也许会遇到巨大的抛售。但只要它在几次测试后突破了这个位置，就很快会涨到 325 美元、350 美元或者 375 美元。我觉得，当价格在 355 美元~360 美元附近的阻力，比突破 300 美元后的每一个阻力都会强很多。假如一只股票到了 400 美元，小的交易者就不能交易它了。通常情况下，这只股票就会被拆股，然后再派发给大家。股票就是卖出用的。任何一个持股者，就算它只有 1 股，也会想在某天将股票卖出，是在他觉得股价涨得够高的时候去卖出。

大家的大部分交易都是在 50 美元~100 美元这个区域内进行的。专业人士更喜欢在 100 美元~200 美元这个区间交易，他们都知道，只有价格在 150 美元~300 美元区间的股票才可以挣到大钱。假如股票进行了拆股或者进行了分红，大部分情况拆股是想让新股可以在 25 美元~75 美元这个区间被卖出，所有专业人士都知道，这个区域的价格才是大家最喜欢进行买入的价格。

知道了这些原理，就要遵守这条规则：交易股票就要选择那些活跃并且变化快的股票，还要设置好止损，如此一来就可以得到更大的利润。

为什么股票在高价区的运动快

和那些价格为 50 美元的股票相比较，价格在 100 美元之上的股票赚钱的效率更高；和那些价格为 100 美元的股票相比较，价格在 200 美元或 300 美元以上的股票运行更快，幅度也会更宽，价格到达这样的价格是有原因的，一般的交易者很少会去交易这些股票了。在价格到了这种区域的时候，交易的人群都是那些百万和千万富翁，他们会大笔地进行交易，导致股票的价格在短期出现大幅度的波动。所以，交易那些价格高的股票是更好的。去做那些价格大于 100 美元的股票，就能够获得更大的利润；而去做那些价格大于 200 美元的股票，就能够最快地获得利润。价格小于 50 美元的股票，会比那些价格更高的股票出现假象和调整更多，就是由于这些股票被普通交易者大量持有，或者因为价格还没能涨到让大家都对它有信心、买方的力量还不支撑这只股票进行快速地运动。请参照美国电话电报公司（American Tel. & Tel.）、艾奇逊 - 托皮卡 - 圣菲铁路公司（Atchison）、纽约中央公司（N.Y. Central）以及美国钢铁公司的走势图。（图 3 和图 10）

会在两种时期股票出现快速的运动。一种就是公司刚成立的时候，股票刚进行发售。这时，为了能够更多地吸引大家的注意力，承销商或者发行人就会支撑这只股票，并且快速地拉升它，使它能够吸引大家的注意。当出售结束的时候，他们就会降低对它的支撑，使得该股的价格下跌。

在公司成立多年之后，有了很多赢利记录了，还保持稳定地分红很长时间，这时快速运动也会发生。在投资者渐渐收集了筹码后，流动筹码就会减少。在其价格上涨的时候，投资者会保持持有，并不会抛售。

曾经的顶部和底部

有一只股票 10 年以上的走势图（假如这只股票有如此长历史），是非常有价值的，价值就是可以知道这只股票曾经的顶部和底部在哪里出现，也可以知道这只股票是什么时候突破这些位置的。我已经在《股价的秘密》这本书里进行了详细的讲解，但在此我还是要为读者讲一些有效的交易规则。

假如一只股票在几年前或者几个月前于 100 美元附近的位置形成了顶部，之后又突破了 100 美元，我们完全可以判断，这只股票会涨到 110 美元、125 美元甚至 150 美元，所以就要买入做多，然后这只股票上涨到 103 美元。假如它要想继续上涨的话，就不会在涨到 103 美元后又跌回 97 美元，所以要在 97 美元附近设置好止损。假如该股真的跌回去了，也许主要趋势就反转向下了，也说明它在最近一段时间内不会再涨了，最好去抛售掉它。

首次上涨和首次下跌

上涨后的首次回调是十分重要的。大部分股票的价格会回调 5 美元 ~ 7 美元，而那些活跃的高价股会回调 10 美元 ~ 12 美元。但不论回调多少点，一定要认真留意这个股票，看它是否会在不同价格的位置发生相同幅度的回调。以美国钢铁公司 1907 年 ~ 1909 年和 1914 年 ~ 1919 年的运动为例。可以看出，我们在这只股票从任何高点回调 5 美元 ~ 7 美元，美元之后买入做多，都能够获得利润；但假如我们在这只股票回调 10 美元后买入做多，就比较危险，我们要找机会抛售股票，时机就是下次反弹时。股票在上涨时都会产生回调的，这些回调仅仅是调整的时间；股票在下跌时也都会产生反弹的，这些反弹发生的原因就是那些觉得股票已经跌得差不多了，进行了回补空头仓位。我们一定要知道在正确时机买入和卖出的关键，不能到最后关头再进行交易。提前出场总比落后出场好很多。多留意第2次或第3次出现的顶部或底部，假如股价并没有涨到首个顶部或者没有跌到首个底部，我们就得离场，等待下一个机会了。

怎样对一只股票进行结算

我们能用分类账的方法对一只股票进行结算，和账本的结算是一模一样的。后面的表格中，可以看见我是怎样对美国钢铁公司进行每日结算的。分类账可以告诉我们股票是以获利收盘还是以亏损收盘。假如一只股票一直持续下跌，或者一直收低，就表示这只股票的趋势是一直下降的，不可以去做多，除了图表里表示出了收高。一定要一直观察这只股票高收和低收的天数、周数和月数。更关键的是，要注意持续3天或更多天数时，收在同一个价格附近的股票。假如在它的收盘价高过或者低过这个位置时，几乎可以说这只股票要向那个方向运行了，特别是在市场很活跃，同时成交量在高收或者低收的那天增加的时候。我们还要一直关注着成交量的变化，这是因为成交量表示着影响市场的力量增加或者减少。

3日规则

这种规则是我新发现的，这个规则就是去交易那些活跃并且有着快速变化的股票，可以在短时间内赚到利润的方法。我已经通过这种方法得到很多盈利了，还有些交易者花 1000 美元从我这买走了这种方法。我要通过本书，将这种方法告诉大家。

这条规则是：一只处于强势的股票，并且在上升趋势中，是不会有连续 3 天下跌的情况。假如真的出现了这样的情况，至少可以表示它的上升趋势暂时反转了，同时一只股票开始连续 3 天下跌以前持续运行的时间越长，或者 3 天里收盘价格一天比一天低，就越能表示这波行情的结束。同样，这条规则也可以使用于下跌的股票中。强势的在下降趋势中的股票，一定不会有连续 2 天反弹的情况。假如真的出现了，至少可以说趋势暂时发生反转了，也有肯定大趋势发生了反转。不论一只股票一天里的某个时间涨到多高或者跌到多低，这都是无关紧要的，它最终的收盘价才能够表明该股在一天结束后到底是涨了还是跌了，要把这只股票这一天的账目划入赢利账目还是亏损账目。这条规则是交易那些活跃的高价股的时候，最有用的规则之一。通过使用这条规则，就可以在快速的上涨或者下跌中得到利润，可以知道股票的趋势什么时候出现变化。这条规则一样可以用在周线和月线走势图里。

1929 年 5 月 31 日～12 月 31 日，美国钢铁公司每日走势

日期		开盘价	最高点	最低点	收盘价	跌幅（%）	涨幅（%）
5月	31日	164.125	166.5	162.5	166	……	2
6月	1日	166. 25	166. 25	165	165	1	
	3日	165.5	168.75	165.25	167.5	……	2.25
	4日	168	170.375	167.5	169.75	……	2.25
	5日	170	170.75	168.25	168.75	1	
	6日	168.5	169.25	168.5	168.5	0.25	
	7日	169.25	171	168.375	169.125	……	0.625

续表

日期		开盘价	最高点	最低点	收盘价	跌幅（%）	涨幅(%)
	8日	168.75	168.75	167.75	168	1.125	
	10日	168	168.375	165.5	166	2	
	11日	166	167.75	165.5	167.25	……	1.25
	12日	167.5	168.5	167	167.5	……	0.25
	13日	167.75	174.25	167.5	173.75	……	6.25
	14日	174	177.25	173.75	175.75	……	2
	15日	176	176	175.25	175.5	0.25	
	17日	176.5	179.75	176.5	178	……	
	18日	178.25	179.75	177.25	177.25	0.75	
	19日	177.5	178	175.25	176	1.25	
	20日	176	178.25	174.5	177.75	……	1.75
	21日	177	181.25	176.625	180.25	……	2.5
	22日	180.5	181.5	180.5	180.75	……	0.5
	24日	182	182.375	179.75	179.75	1	
	25日	179.5	179.375	185	184.75	……	5
	26日	185.75	190.25	185.75	189	……	4.25
	27日	188.25	189.25	186.75	188	1	
	28日	188.25	191.375	188.25	189.5	……	1.25
	29日	189	190.75	188.625	190.75	……	1.25
7月	1日	191.5	192.75	189.5	192.25	……	1.25
	2日	192.5	196.75	192.5	196.25	……	4
	3日	196	199.625	196	196.75	……	0.5
	5日	197.5	200	197.5	198	……	1.25
	6日	196.75	197	195.25	196.25	1.75	
	8日	196.625	201.75	196.625	201	……	4.75
	9日	200.5	201.75	197.75	199	3	
	10日	199.25	200.25	197.5	199.25	……	0.25
	11日	198.375	199.25	197.625	198.25	1	
	12日	200	203.25	199.75	203	……	4.75

续表

日期		开盘价	最高点	最低点	收盘价	跌幅（%）	涨幅（%）
	13日	203	204	201.5	202.375	0.625	
	15日	202.75	203	198.5	198.5	3.875	
	16日	199	205.25	198	202.5	……	3.75
	17日	202.25	202.5	200	200	2.25	
	18日	201	204.25	199.75	201.75	……	1.75
	19日	204.75	208.375	204.5	208.375	……	6.625
	20日	208.5	209.75	207.5	207.75	0.625	
	22日	207.375	207.5	204.375	204.375	2.375	
	23日	205	204.5	208.5	207.25	……	2.875
	24日	208.25	210.375	205.75	205.75	1.5	
	25日	206.5	207.25	204.5	205.5	0.25	
	26日	207.5	208.5	205.375	206.75	……	1.25
	27日	207	207	205.375	206	0.75	
	29日	205	206.625	204.375	205	1	
	30日	205	207.5	205	206.5	……	1.5
	31日	205.5	210	205.5	209.5	……	3
8月	1日	210.5	213.25	209.25	213.25	……	3.75
	2日	213.5	215.5	213.5	213.5	……	0.25
	3日	214.5	215.25	213.75	214.5	……	1
	5日	214.5	215.25	211	211.75	2.75	
	6日	211.5	212.5	209.25	211.75	……	
	7日	212.5	217.25	210.75	215.5	……	3.75
	8日	217.5	221.25	217.375	220.75	……	5.25
	9日	216	217.25	213.5	213.5	7.25	
	10日	217	218	214.625	218	……	4.5
	12日	219	229.625	219	229.625	……	11.625
	13日	230	240.5	228.375	237	……	7.375
	14日	237	245	237	238	……	1
	15日	238	239.25	235.375	237.5	0.5	
	16日	238.625	242	238.625	238.625	……	1.125

续表

日期		开盘价	最高点	最低点	收盘价	跌幅（%）	涨幅（%）
	17日	238.625	239.5	238.25	238.625	……	
	19日	239	248.875	237.5	248.5	……	9.875
	20日	249.5	251.5	247.5	247.75	0.75	
	21日	249.25	252.5	247.75	248	……	0.25
	22日	249.75	251.75	248.75	249.75	……	1.75
	23日	251	260	250.5	259.75	……	10
	24日	259.5	260.5	256.75	258.25	1.5	
	26日	258	259.375	254	254.5	3.75	
	27日	256	256	252.625	254	0.5	
	28日	253.5	256.5	252.75	253.75	0.25	
	29日	252	254.5	251.625	253.25	0.5	
	30日	254.5	258	254	256.5	……	3.25
9月	3日	258.5	261.75	257.25	257.5	……	1.25
	4日	257.75	258.75	253.5	254.5	3.5	
	5日	253.75	255	243.75	245	9.5	
	6日	247.5	251.5	247.375	250.25	……	5.25
	7日	252	252.5	247	247.5	2.75	
	9日	246.25	247.75	241.5	243	4.5	
	10日	243	245.25	237.875	238.5	4.5	
	11日	238.5	243.25	238.5	240.5	……	2
	12日	242.75	243	233.75	235	5.5	
	13日	234.5	236.25	230.5	235.5	……	0.5
	14日	235.5	236.75	233	233.25	2.25	
	16日	233.25	237.5	230.625	237.5	……	4.25
	17日	238.25	238.25	233.5	234	3.5	
	18日	233.75	244.75	233.5	244.5	……	10.5
	19日	245	247.5	241.125	241.25	3.25	
	20日	242.25	243.25	234.5	234.75	5.5	
	21日	234.5	235.75	232	232.25	2.5	
	23日	234	238.75	232.25	237	……	4.75

续表

日期	开盘价	最高点	最低点	收盘价	跌幅（%）	涨幅(%)
24日	237	241.75	231	231.75	5.25	
25日	233	234.25	226.5	231.5	0.25	
26日	231	234.25	230	232.5	……	1
27日	231.5	232	223.5	226	6.5	
28日	225	226.25	222	224	2	
30日	224	225.5	221.25	222.5	1.5	
10月 1日	223	224.5	218.75	221.625	0.875	
2日	223.5	226	221.75	223.5	……	1.875
3日	223	224	212.25	213	10.5	
4日	213	215	206.5	210	3	
5日	214	217.75	212.5	214	……	4
7日	218.5	220	215.25	219	……	5
8日	218.5	221.875	216	218.75	0.25	
9日	219	220.5	216.25	218	0.75	
10日	218.75	230.75	218.25	230.25	……	12.25
11日	230	234	229.875	230.75	……	0.5
14日	232	233.25	227.25	227.5	3.25	
15日	228.5	229.25	223	223.25	4.25	
16日	223	223.25	211.5	213.5	9.75	
17日	213	219.375	210.25	218.5	……	5
18日	216	219.25	211.25	211.25	7.25	
19日	211	213.75	208	209	0.75	
21日	212	212	205.25	210.5	……	1.5
22日	212.5	216.5	212.5	212.5	……	2
23日	213.5	214.25	201.75	204	8	
24日	205.5	207.5	193.5	206	……	2
25日	207	207	203.5	204	2	
26日	204.5	204.75	202.25	203.5	0.5	
28日	202	202.5	185	186	17.5	
29日	185.75	192	166.5	174	12	

续表

日期		开盘价	最高点	最低点	收盘价	跌幅（%）	涨幅（%）
	30日	177	187	176.5	185	……	11
	31日	190	193.5	188	193.25	……	8.25
11月	4日	185	190.625	182.5	183.5	9.75	
	6日	181.25	181.25	165	169	14.5	
	7日	162	179	161.5	174.5	……	5.5
	8日	174.5	175.75	170.5	171	3.5	
	11日	169.75	170	159.5	159.5	11.5	
	12日	158.5	163.5	152.75	153.5	6	
	13日	156	160	150	151.5	2	
	14日	155	162	155	160	……	8.5
	15日	162	167.5	161.5	164.25	……	4.25
	18日	163.5	164.5	159.75	160	4.25	
	19日	160	166.5	160	166.5	……	6.5
	20日	167.5	169.25	166.375	168	……	1.5
	21日	167	171.75	165.5	169.75	……	1.75
	22日	169.75	170	165.75	167	2.75	
	23日	165.75	167.5	164.25	167.5	……	0.5
	26日	167.5	168	162.25	163.25	4.25	
	27日	161.75	163.75	160.625	162	1.25	
12月	2日	161.5	162.5	159.25	161.5	0.5	
	3日	162.5	166.5	162.25	166.625	……	5.125
	4日	167	169.5	165.5	167	……	0.375
	5日	168	168.5	164.5	164.625	2.625	
	6日	165.5	172	165.25	171.75	……	7.125
	7日	173.75	183.5	173.5	182.75	……	11
	9日	182.25	189	179	180	2.75	
	10日	180.5	184.5	179.75	181.5	……	1.5
	11日	180.5	182.625	177.25	177.5	4	
	12日	176.5	177.75	166	166.5	11.5	
	13日	167.5	172.5	164.25	172	……	5.5

续表

日期	开盘价	最高点	最低点	收盘价	跌幅（%）	涨幅（%）
14日	172	174.875	169.75	174	……	2
16日	174	174	166.25	166.5	7.5	
17日	167.5	173	166.25	171	……	4.5
18日	171	173.5	169.75	171	……	
19日	170	171.5	166.25	167.75	3.25	
20日	168	168.5	158	162	5.75	
21日	162	164.5	162	163	……	1
23日	163	163	156.75	159.75	3.25	
24日	161.5	164.25	160.5	161.5		1.75
26日	162.25	166.75	161.625	166	……	4.5
27日	166.5	169.5	165	165.75	0.25	
28日	165.5	165.75	163.625	164.5	1.25	
30日	165	167.5	164.75	166.5	……	2
31日	168	171.75	168	171	……	4.5

怎样对美国钢铁公司进行结算

从上面的图表中可以看到：美国钢铁公司于 1929 年 5 月 31 日的价格 162.5 美元开始上涨，到它形成第一个顶部 260.5 美元，这只股票从来没发生过连续 2 天以上下跌的情况。但是，在形成顶部的那天，它收在了 258.25 美元，这个价格比前一天低 1.25 美元。第二天，收于 254.5 美元，比前一天跌了 3.75 美元。然后第三天，收于 254 美元，下跌 0.5 美元。第四天，收于 253.75 美元，下跌 0.25 美元。第五天，收于 253.25 美元，下跌 0.5 美元，这天的最低价格是 251.625 美元，这个价格比 8 月 24 日的最高点低 8.875 美元，这个价格在 8 月 29 日的时候又出现了。这就是第一次发出主趋势将要反转的信号。8月30日，开始反弹，9月3日，该股上涨到261.25美元的新高。这时，这只股票在持续3天以上在更低的位置收盘后，才连续两天收盘价升高。

我们能够发现，第一天的时候该股上涨3.25美元。然后主要趋势就反转向下了，同时这只股票没发生过连续2天上涨的情况。这就可以表示，主趋势是向下的。该股在1929年11月13日的收盘价为150美元，这个价格只比1928年12月22日的前面一次运动展开时的极低点高0.25美元。而那时的极低点为149.75美元，所以在该股又跌到150美元的时候，我们就可以买入做多并且在这个位置下面3美元的位置设置好止损。之后，11月13日，这只股票开始从150美元的位置展开反弹，它首次发生连续3天上涨的时候是9月的19日~21日3天。我们还能发现，11月19日的收盘比前面一条高了6.5美元，第二天11月20日，又涨了1.5美元，11月21日这天又涨了1.75美元。这只股票出现了持续3天上涨的情况，这也表示趋势已经反转向上了。这只股票于11月21日涨到了171.75后又开始下跌，12月2日的时候，该股跌到了159.25美元。这时又出现了持续3天（11月26日、27日和12月2日）连续下跌的情况，但最后那天，跌得非常少，只有0.5美元。还要考虑趋势反转后形成的比上一次的底更高的底，所以这不是重要的下跌的标志，特别是上次反弹的顶部下跌10美元后出现的连续3天的反弹。从这个低位展开了一次快速上涨，在12月9日，该股涨到了最高点189美元，但在那天却以180美元收盘，同时在从顶部下跌9美元的时候出现了非常大的成交量，我们在后面会讲到。那天的收盘价比前面一天低了2.75美元，特别是该股还没到10月31日反弹的顶193.5美元，这就表示这只股票已涨到将要展开下跌的最高点。12月23日，该股跌到了156.75美元的最低点，形成底部，这个底部比11月13日

的底要高，同时没能比 12 月 2 日的最低点低 3 美元。假如在之前的
最低点 159.25 美元的价格买入了这只股票，同时在这个位置之下 3
美元设置了止损，这个止损不会自动执行。12 月 2 日后，该股天天
都在前一天的收盘价附近，并没出现过连续 2 天以上的上涨或下跌。
自 12 月 23 日的最低点 156.75 美元后，该股的趋势又反转向上了。
12 月 31 日，该股上涨到 171.75 美元，而且当年收于 171 点。1930
年 1 月 2 日，该股上涨到 173.75 美元，当天又跌到 166.5 美元。但
在 1 月 2 日之后，该股的价格从来没能跌过 166 美元，而是持续上涨，
于 4 月 7 日达到 198.75 美元。假如这只股票可以突破 200 美元，就
表示它还能继续上涨。

成交量

观看前几年的成交量记录和纽约股票交易所 1921 年～1929 年的
年成交量时，我们一定要结合纽约股票交易所挂牌交易的股票的数
量增加和因为分红、拆股和重组造成股票数量的增加起来比较。近
几年，这样的情况越发明显，而且历史上价格非常高的股票的成交
量也加大了，这就表示派发的规模已成为历史上最大的了，之后也
一定会展开回调或下跌的幅度，也会与成交量和已涨的幅度成正比。

成交量和洪水一样。假如它增加到正常情况下的 2 倍～3 倍，就
一定会影响到更大的范围去，冲毁堤坝，造成非常大的经济损失。
在华尔街的水闸打开后，数百万的交易者都进行抛售，之前全部的
记录都会被打破，巨大的压力将会使股价跌到就连最悲观的空头者
都无法想到的位置。

假如股价上涨，那么成交量一定是增加的。这个规律在每日、
每周、每月和每年都存在。在股票抛售期间，快要完成的时候，成

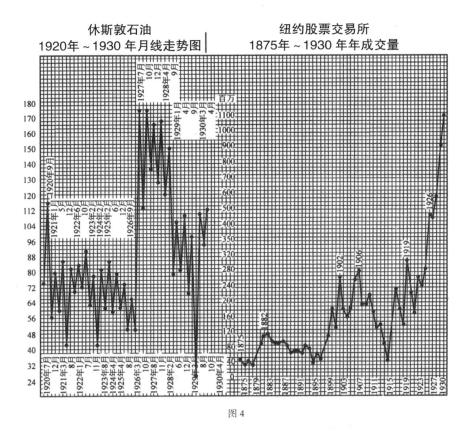

图 4

交量就会降低。熊市当年的成交量一定是很小的，而牛市当年的成交量一定是很大的。

　　分析研究纽约股票交易所的年成交量是很关键的。图 4 中给出了纽约股票交易所 1875年 ~ 1929 年的年成交量。从图 4 中可以看出，1875年 ~ 1878 年的年成交量仅有 4000 ~ 5000 万股。1878 年，年成交量最后一次减少到 4000 万股。1882 年，牛市到了最后的阶段，年成交量为 1.2 亿股。1894 年和 1896 年大熊市形成最后的底部，年成交量又减少到 5000 万股。之后就出现了"麦金莱繁荣时代"，从那之后年成交量慢慢增加，1901 年为 2.66 亿股。从这次牛市的顶部开始，年成交量在后面出现的回调或者熊市中开始减少，就好像每次熊市出现的情况一样，在 1903 年的时候，成交量减少到 1.6 亿股。1906 年，牛市到达最后阶段，年成交量创新高，为 2.84 亿股。从此，年成交量慢慢减少，在 1914 年的时候，达到自 1896 年到那时的最低年成交量，为 4800 万股。但有一点需要注意，"一战"的时候，纽约股票交易所关闭了 4 个多月。这又一次表示，在趋势向下的时候，熊市最后一年的成交量会极小，同时这也表示了抛售已经结束。1914 年后，年成交量慢慢加大，在 1919 年的时候，创出了新的最高纪录——3.1 亿股。1921 年 12 月，熊市达到最后阶段，成交量降为 1.71 亿股。之后，成交量慢慢增加，1929 年又创出新的最高纪录——11.24 亿股，相比较而言，1921 年的熊市的年成交量仅有 1.71 亿股。1929 年 11 月 2 日是个周末，成交量为 4350 万股，差不多就是 1914 年的年成交量了。尤其是我们结合了 1928 年年成交量为 9.25 亿股，差不多 10 亿股，表示了大家买入的比例超越了以前的任何时期，也表示着以前两年的牛市里，有着 20 亿股股票。1929 年 9 月~11 月的成交量 303，230 股，只比 1929 年年成交量的 1/4 多一点。在大恐慌的时候，大量的股票被抛售，同时下跌的幅度非常之大，但这时的成交量没能比前两年的巨大成交量多。这表示，在今后的几年里，大部分股票会一直在熊市中，而且在熊市结束和下一次的牛市开始前，成交量会极少。分析一下个股的周、月和年成交量能帮助我们研判趋势。

美国钢铁公司的成交量

关注日、周和月的成交量和自己看好的个股的流通股数是非常关键的。1929 年 5 月 31 日，美国钢铁公司的价格为 162.5 美元，比 1929 年 3 月 1 日的顶部低了 30 美元。在它的价格为 192 美元~193

美元的顶部附近时，日成交量为 12.5 万股～25 万股；但当它为 162.5 美元时，日成交量仅为 2.5 万股或者 7.5 万股，这表示抛压较轻，这只股票处于收集阶段。在该股于 1929 年 6 月 21 日突破 180 美元时，要注意的是该股的日成交量是怎样增加到 10 万股或者更多。7 月 8 日，该股突破 193 美元，而且在高价区域运行，当时的成交量为 19.4 万股，还一直不断增大，一直持续到 7 月 31 日的 20.8 万股，当天收盘在当时的历史最高点 209.5 美元。8 月 8 日的成交量为 29.5 万股；8 月 9 日的成交量为 26.3 万股；8 月 12 日的成交量为 33.7 万股；8 月 13 日的成交量为 48.87 万股，这也是当年最大的单日成交量；8 月 14 日成交量为 29.6 万股。要注意的是，8 月 12 日～14 日的总成交量为 112.18 万股，价格涨到了 245 美元，从 219 美元开始上涨用时 3 天，也就是涨了 26 美元。可以发现，从 8 月 19 日一直到 24 日形成首个顶部 260.5 美元，6 天的成交量为 81.42 万股，价格从 238 美元涨到 260.5 美元，即 81.42 万股每股挣了 22.5 美元。然后，从这个顶开始下跌，表示趋势反转了。要留意，8 月 26 日～29 日，4 天的成交量为 24.74 万股，价格跌了 9 美元。这种成交量还不能够证明大趋势开始运动了，但结合这只股票连着 4 天都下跌就可以证明了，这就表示，当这只股票反弹时，就会是一只卖空的股票。之后该股仅仅反弹了两天，即 8 月 30 日和 9 月 3 日，上涨了 10 美元，为 261.75 点，成交量为 21.02 万股，之后就开始下跌了。而下跌时的成交量比反弹时候的要大，这就说明买方的力量消失了，内部人士正在抛售该股，而大家在买入。最后一次的快速上涨就是因为空头大量回补和大家买入引起的。而在第二次的上涨时，空头又进行了回补，但数额较少了，大家也在买入，但非常少，是因为他们满仓了。

要留意的是，1929 年 9 月 3 日开始，成交量是怎样随着价格的下跌而增加的。最后一次反弹形成顶部的 9 月 19 日一直到 10 月 4 日，总成交量为 210.58 万股。注意一点，9 月 19 日的最高价格为 247.5 美元，10 月 4 日最低价格为 206.5 美元，下跌 41.5 美元。这段时间内的成交量大于 200 万股，这就表示大量地抛压使大趋势反转向下运行了。10 月 4 日后，展开了为期 6 天的反弹，即 10 月 5 日~11 日。价格从 206.5 美元涨到了 235 美元，上涨 27.5 美元，其间成交量为 84.65 万股。即使成交量是比较大，但这仍然不能抵抗抛压，这些成交量就是空头回补和大家的买入。

在该股价格下跌 50 点后，大家就以为价格已经非常低了，所以就买入了，然后他们就出现了错误。10 月 11 日的时候，大趋势继续向下运行，从 234 美元在 10 月 29 日的时候跌到了 166.5 美元，下跌 67.5 点期间成交量为 277.61 万股。要留意，10 月 23 日~24 日，期间的成交量为 66.8 万股，恐慌的 28 日和 29 日，两天的成交量为 59.2 万股。这表示了抛压很大，抛售还没结束。之后的 10 月 29 日~31 日，展开了为期两天的反弹，该股上涨 27 美元，其间的成交量为 20.44 万股。如此小的成交量不能使该股上涨，这说明这次的上涨仅仅是空头回补和少量的买入，而那些投机者在快速拉升价格以使这些订单成交。10 月 31 日~11 月 13 日，该股从 193.5 美元下跌到 150 美元，下跌了 43.5 美元，其间成交量为 73.24 万股。这种成交量和之前跌到 166.5 美元的成交量相比要少很多，11 月 13 日后的成交量要更少，有时日成交量还不足 5 万股，这就表示抛售已结束。而那些内部人士只是在大家卖出的时候去买入，而没有大规模地买入。12 月 6 日~9 日，该股上涨 29.75 点，这段时间的成交量为 59.96 万股，这是空头回补引起的。

留意，该股于 12 月 9 日形成顶部，成交量为 35.55 万股，收在了比顶部低 9 美元的位置。如果买方的力量很大的话，该股就应该在收盘的时候继续上涨并收在顶部的附近。12月9日~23日，该股从189美元跌到了156.75美元，跌了32.25美元，其间的成交量为126万股。这就表示这是最后一次的抛售了，也许是那些在首次反弹时买入的人们持有了很长时间的股票，他们开始恐惧，怕该股会跌到150美元以下，所以他们就要在第二次反弹的时候抛售。但该股在之后形成的底部抬高了，这表示该股获得了良好的支撑，是可以买入的股票了。12月23日，该股涨到156.75美元，日成交量仅有11.18万股，在1929年11月13日，也就是该股跌到最低点的当天，成交量仅有9.75万股。一次大幅度下跌形成的极低点时，成交量非常少，就表示抛售已经完结了，打算抛售的股票非常少了。

这点是非常重要的，就是把一只股票从极低点运行到极高点之间的总成交量合在一起。1928年12月22日，美国钢铁公司的极低点为149.75美元，之后该股从这个价格开始一直上涨，在1929年9月3日涨到了261.75美元，这段时间内的成交量为1889.5万股，而该股的流通股数量只有800万股多点。所以，在此次上涨时，全部的流通股都换手了两次。1929年5月31日，当该股的价格最后一次为162.5美元后，一直上涨，于1929年9月3日涨到了261.75美元，上涨近100美元，其间的成交量为761.51万股，差不多就是全部流通股的数量了。然后从顶部261.75美元跌到1929年11月13日150美元的极低点时，其间的成交量为736.53万股。要留意，这两段时间内的成交量是差不多的。假如该股下跌时的成交量和该股上涨时的成交量差不多，就表示着该股将要形成底部。但假如我们结合该股从149.75美元涨到261.75美元，又跌到150美元这两段时间的成交量，情况就不一样了。由于上涨和下跌的幅度基本上一样，但上涨的成交量是1889.5万股，下跌的成交量是736.53万股，这就表示，上涨的时候发生了价格操纵，肯定是有非常多的虚假交易吸引大家来买入股票，下跌的时候虚假交易的数量一定是比上涨过程中的少。实际的成交和抛售都是在下跌的过程中进行，在上涨的过程中，一定会有大量的买入和非常多的虚假交易。在使价格上涨的过程中，需要有非常多的买盘来吸引大家的关注，但在抛售的过程中，不需要任何的交易，只要等着大家卖出就可以了。

假如我们分析和研究了不同个股最高点的日、周、月和年成交量，就可以看到这些分析研究结果对预测该股什么时候是强势状态和弱势状态很有帮助。

一只股票什么时候极为强势或极为弱势

我常常说，当一只股票上涨并且向上突破了很多年前形成的高位时，该股就是在极为强势的状态中，而且不发生回调。这时，持有好几年这只股票的投资者就会将其卖出，而那些知道该股还能上涨的人就会在高位继续买入，所流通股的数量就会减少了，然后就会展开一次疯狂的快速上涨。比如，1925年，美国罐头公司（American Can）向上突破了那时68美元的历史极高点，然后在上涨的时候几乎没发生过回调。1906年，美国冶炼公司（American Smelting）创出174.5美元的最高点，当该股在1925年向上突破这个价格的时候，投资者们将手中的股票全部抛售出，而专业交易员开始做空。这只股票的技术面极为强势，不会出现回调的，所以又涨了100美元。在一只股票极为强势的时候，一定不要想着去做空它。这时候去买入它比在以前低价的时候买入它更加安全。在非常高的价格去买入股票是需要有非常大的勇气的，而勇气恰恰是可以帮你挣到钱的。的确，有的人是知道该股的价值要超过175美元的，否则这些人也不会在那么高的位置去全部买入。这只股票，在经过如此长的时候，又到了这个价格，就有足够的理由证明它还会继续上涨。

一只股票经过了长时间的上涨后会出现极为弱势的情况，这时仅仅会有一些很小的反弹。交易者和投资者对这只股票就重获信心，就会在每次反弹的时候买入一些，一直持续到这只股票被彻底派发完毕，并超买的时候。之后，在它下跌的时候，就不会发生买入或者有支撑意义的行为了，只要那些在高位买入的交易者和投资者开始抛售，那么该股就会更弱，反弹的幅度就更小。

比如：1925 年，基金公司（Foundation Company）发生了大幅度的上涨，在 11 月的时候形成顶部为 183.75 美元（图 5）。有一个时间很长的派发期，当该股突破派发区域后，就开始下跌，同时是在其他股票上涨的时候下跌。下跌持续了很长的时间，交易者和投资者一直持有着股票，期望着反弹的到来，有一些人是在下跌时买入的，当价格跌破 75 美元的时候，大家都进行抛售了。在这只股票跌了 100 多美元后，它就是一种极为弱势的状态了，连反弹都不会出现。这时的价格做空是非常安全的，而且假如在这个位置做空，将会和在 180 美元左右做空一样，都可以快速获得利润。1929 年 11 月的时候，该股下跌到 13 美元。

另外一只在大财团崩溃后，变为这种弱势状态而无法出现反弹的股票就是阿德万斯·鲁梅利（Advance Rumely）。国际燃烧工程（International Combustion Engineering）也发生了超买的情况，该股下跌 50 美元之后变得极为弱势，所以之后发生的反弹要比下跌前的小。

别不敢在一只股票大幅度的下跌之后做空它，这时的股票是极为弱势的，在这个时候做空会比在高位时做空更加安全。

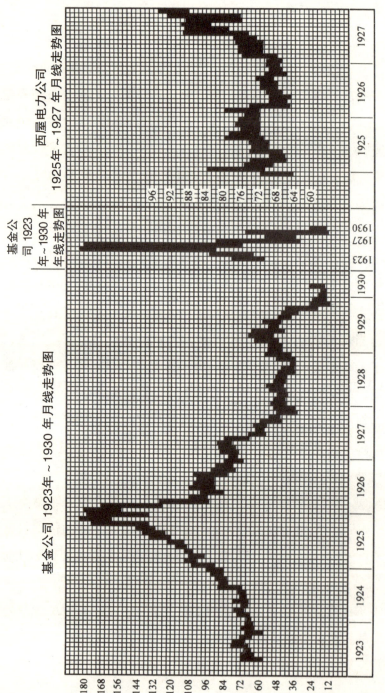

图 5

确定合适的卖出（抛售）时机

很多人都可以在合适的时间买入一只股票，但却不能够在合适的时机抛售它。可能他们是在合适的时机买入了股票，但不知道要在什么时候去卖出它，或者要依照什么规则来确定持有的股票在什么时候形成了顶部。假定我们买入了一只股票，这只股票进行了长时间的收集，就像是年线走势图中的美国铸铁管、熔炉钢铁（Crucible Steel）和莱特航空（Wright Aero）一样。只要想在合适的时机买入股票之后，就会想着得到尽量多的利润，所以，为了知道应该在什么时机去卖出股票，就一定要注意一些标志。在牛市初期的股票都是会缓慢地上涨，会出现很多次的回调，但假如该股到了最后关键的暴涨阶段最激烈的时候，就会展开快速上涨。所以我们就要遵循这样的规则：我们的目标就是要在股票最疯狂和激烈的时候再卖出，在此之前，只要该股向着我们交易的方向进行运动，那么我们就不断地提高我们设置的止损，来对它进行跟踪。大部分的股票在牛市结束前都会异常活跃，并会有一次快速上涨，这种快速上涨会持续6周、7周甚至10周，运行起来非常快速。在快速上涨的过程中，一般情况下成交量都会非常之大，这表示了大量的买盘，还有为了以后能派发出去进行的大力宣传。通常情况，一次为期6周~7周的快速上涨就表示了一次向上的运动到了最高点，这和一次为期6周~7周的快速下跌是一样的，尤其是发生了非常大的成交量的恐慌性下跌的时候，这就表示了一次熊市行情的完结，这个时候就要进行空头回补了，并且等待着下一次的机会。

比如：1929年5月31日，美国钢铁公司最后的底部为162.5美元。之后开始了一次大行情，在8月14日，该股涨到了245美元，上涨 82.5 美元，其间没有出现大于 7 美元的回调。之后展开回调，下跌 10 美元为 235 美元，这就是持续 10 周的快速上涨发出即将结束的首个信息。该股在 9 月 3 日到了 261.75 美元之前，3 个月的时间里差不多上涨了 100 美元，中间并没发生过连续 3 天都下跌的情况。我们的一个规则就是：如果一只股票在短期内上涨或下跌了 85 美元～100 美元，我们就要观察顶部或底部的形成，准备在合适的时机抛售。假如一个交易者在该股上涨过程中，通过设置 10 美元止损的方法，随着该股价格的升高而不断地提高止损的位置，那么当价格到 261.75 美元前就一定不会被执行，之后假如在止损价格执行后卖出做空，这个交易者就能够在下跌的时候还挣到大笔的利润。9 月 3 日以来，美国钢铁公司展开了一次快速下跌，和它展开快速上涨的时候一样，在 9 月 3 日～11 月 13 日下跌了 111 美元，用时不足 12 周，同时还有非常大的成交量。10 月 11 日是最后一个反弹顶点，从这天开始，一直到 11 月 13 日下跌到了 150 美元，下跌了 84 美元用时不足 5 周，这就是一个标志，这种快速的恐慌性的下跌，不能比上涨的最后暴涨阶段运行更多的时间，所以就要去进行空头回补，等待时机或者为之后的反弹买入做多。这样的情况往往就表示了上涨或者下跌的趋势结束了。

美国钒钢公司也是一个快速上涨例子。1930 年 2 月 25 日，该股最后的底部为 65.5 美元。3 月 25 日的时候，该股上涨到了 124.5 美元，上涨 59 美元用时 4 周，比 1929 年 11 月 13 日的底部高了 87 美元。形成顶部的同时还有着很大的成交量，这表示会出现回调，特别是该股上涨了 87 美元只用了这么短的时间。这只股票上涨的速度非常之快，最后的上涨是因为空头进行了回补。之后该股回调至 104 美元，下跌了 20 多美元只用了几天的时间。要牢记，假如在一只股票最终的快速上涨形成了顶部，那么就会马上展开暴跌；而在一只股票最后的快速下跌形成了底部，那么马上就会展开暴涨。首次的反弹会非常快，同时其幅度也比较大，然后还会有后面的回调和整理的时期。所以，要观察这样的快速上涨或者快速下跌，通过它们来确定自己离场的合适的时间。但也要牢牢记住，不要逆市，要设置好你的止损，或者在交易的股票运行的方向和我们交易方向相反的时候就得马上抛出了。大部分股票的这样快速上涨或者下跌的特点都可以表明，假如交易者逆市交易，还期望着能够得到利润是非常愚蠢的。我们要在这样的快速上涨或者下跌的时候，通过金字塔加仓的方法进行交易，不可以逆市交易，更不可逆市持有。

横向整理运动

常常可以听到，交易者说股票的运动方式只有两种，就是上涨或者下跌，所以要想自己的交易方向和市场运行的方向一致是很容易的。这么说是不准确的，假如股票只是直上直下地运动，那么得到利润就很简单了，他使股票会常常进行横向整理运动。股票进行这样的运动的时候，就会在一个狭窄的区域内运动几周甚至几个月，不但不会突破前面的顶部，也不会跌破前面的底部。这样的运动会经常性地欺骗交易者，让他们受到损失。一只股票开始向上运动，交易者就会觉得它还会继续向上，但是它停了下来，发生回调，然后又跌回到以前底部的附近。这个时候交易者就会觉得它会继续向下运行了，所以就卖出做空，但该股又停了下来，重新上涨。在一只股票这样运动的时候，我们能做的事情只有别去交易它，等着它突破或者跌破这个区域。等它突破或跌破了收集或者派发的横向整理运动，并且到了新的高价或者低价区域的时候，就可以知道正确的方向，然后就可以交易了。

　　珠宝茶具百货公司（Jewel Tea）。这只股票就是一个关于横向整理运动的典型例子（图 6），可以看到其月线的最高点和最低点。1922 年 1 月，这只股票向上运行，在 1922 年 5 月的时候形成了顶部 22 美元。1922 年 8 月的时候，跌到了 14 美元。1923 年 2 月的时候，涨到了 24 美元，但是没能比 1922 年 5 月的最高点多 3 美元之上。1923 年 10 月的时候，跌到了 15.25 美元。1924 年 1 月的时候，涨到了 23 美元，4 月的时候，跌到了 16.5 美元。1924 年 8 月、12 月涨到了 22.5 美元。1925 年 7 月、8 月和 9 月，跌到了 15.75 美元。之后在 1925 年 12 月的时候展开了上涨，上涨的时候突破了 1922 年～1925 年所有的顶部。可以看到，在 1922 年～1925 年的时候，这只股票一直是在进行横向整理运动。在这 4 年的时间里，该股没跌破 1922 年 8 月的底，也没突破 1922 年 5 月的顶部超过 3 个美元。这期间的狭窄幅度的运动一定会很多次欺骗了交易者，而那些等着该股跌破 1922 年 8 月的底部或者突破 1922 年 5 月的顶部超过 3 美元的交易者，假如他们在突破超过 3 美元之后马上进行了交易，就已经得到很多利润了，他们是不会在大幅度的整理运动时进行买入或者卖出。当该股真正突破了这些位置后，显示出运行的方向后，就会保持好它的趋势，1928 年 11 月的时候，该股涨到了 179 美元。

　　在一只股票正在进行横向整理运动的时候，别去交易它，要遵守好这条规则，就是等着这只股票向上突破以前的顶部或者向下跌破以前的底部超过 3 美元的时候再去进行交易。这样的话就可以省去几个月或者几周等待的时间，还可以免于受到亏损，假如等着股票运行到新的区域后再进行交易，就一定会出现更好的机会来设置止损进行保护，防止万一股票没能向着我们之前看好的方向运行，我们可以让自己及时出场。而假如我们在横向整理运动的时候进行交易，那么得到盈利的机会就会小得多。这样的横向整理运动就是

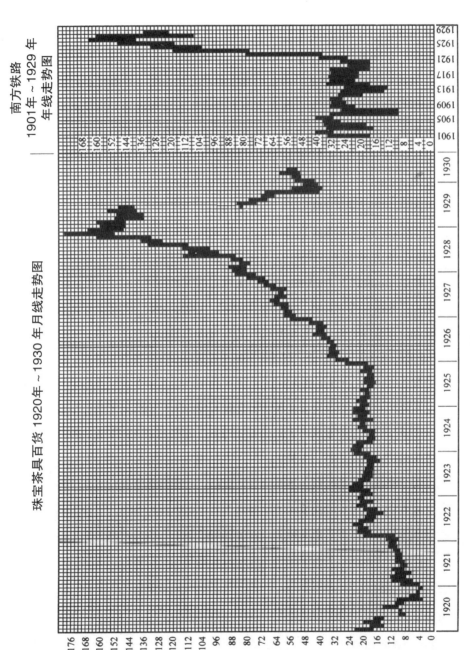

南方铁路
1901年～1929年
年线走势图

珠宝茶具百货 1920年～1930 年月线走势图

图 6

111

一只股票为了新的上涨或者下跌行情的准备阶段。

在整数位买入和卖出

　　人的大脑是遵守着最小阻力的趋势的。从原始时代开始，人就学会了数字、运算和买卖。交易者往往会出现在整数位进行交易的错误。一只股票有的时候会涨到就离整数位差 0.25 美元或者 0.125 美元的位置，很多次接近整数位却又不会到达整数位。为什么这样？就是因为在整数位上的抛压太重了，所以那些大资金或者内部人士不会在回调以前进行买入，这样的回调会让很多等待在整数位离场的人提前离场。在买方力量很大的时候也是这个道理。交易者一看到某只股票的价格在 55 美元或 56 美元附近，就会在 50 美元的位置去买入它。但该股只下跌到 51 美元、50.25 美元甚至 50.125 美元，就是不跌到之前下单交易的位置，原因就是 50 美元位置的买方力量非常强大，需求量巨大，所以内部人士不会在 50 美元的位置去卖出它，而是在这个位置上面一点支撑它。

　　整数位不只是说 25 美元、30 美元、35 美元、40 美元、45 美元、50 美元、55 美元、60 美元、65 美元、70 美元、75 美元、80 美元、85 美元、90 美元、95 美元、100 美元等等，还有一些其他的位置，比如 58 美元、62 美元、73 美元、86 美元等等。在交易的整数位上下 0.125 美元或 0.25 美元的位置去进行买或卖的交易。假如想在 62 美元的位置去买入，现在的价格非常接近 62 美元了，就要在 62.25 美元的位置去下单交易。假如想在 62 美元的位置去卖出，就要在 61.875 美元的位置下单交易，或者假如发现了在这个价格附近运行就要立刻去卖出它。我一直都不相信限价委托。在股票到了我要进行买或卖的交易的位置附近，我就会去下市价委托。这样的话我可以省去一笔钱。

美国钢铁公司的交易价格。查看下美国钢铁公司 1928 年 11 月 16 日～1929 年 11 月 13 日的记录，就可以发现它的阻力位情况和它是怎样在这些整数位或者特殊的价格收到委托单的影响。

1928 年 11 月 16 日，美国钢铁公司的最高点为 172.5 美元。在这个顶部展开了一次快速回调，之后又出现了反弹。1928 年 12 月 8 日，这只股票涨到了 172.25 美元。这表示在 173 美元有大量的抛压，同是这两次的上涨分别止涨于 172.5 美元和 172.25 美元的位置。那些在整数位置的限价单的人还没能出场，该股就开始了急速下跌。1928 年 12 月 17 日，该股跌到了 149.75 美元。这样的情况，交易者们肯定是在 150 美元的位置设置了止损。这些止损都被执行了，该股跌到了 149.75 美元，这也是这次下跌的最低点。也许会有其他的交易者在该股跌到 149.75 美元的时候，就在 148 美元或者 149 美元的位置进行限价委托，他们也没能买入该股。那些在 150 美元附近进行限价委托买入的单子，设定在 150.25 美元或者 150.125 美元的交易者肯定是成功地买到了股票。之后，从这个底部开始了一次快速反弹，1929 年 1 月 25 日，该股涨到了最高点 192.75 美元。这表示了该股之前突破了 172.5 美元和 172.25 美元这两个价格，之后又涨了 20 美元。那些将下次的卖出价格设置在 173 美元和 174 美元这种整数位的交易者，他们的委托一定是执行了，但是却犯了错误，因为该股在到了这些整数位以后，持续上涨。在涨到 192.75 美元之后，出现了一次急速下跌，在 1929 年 2 月 16 日的时候，该股跌到了 168.25 美元，这时的市场是很活跃的，所以开始了一次反弹，到 3 月 1 日的时候，该股涨到了 193.75 美元，只比 1 月 25 日的最高点多 1 美元，两次和整数位相差 0.25 美元。之后开始恐慌性地下跌，在 1929 年 3 月 26 日的时候最疯狂，该股跌到了 171.5 美元。要留意一下，这个位置接近了 1928 年 11 月和 12 月的顶部。之后又开始了反弹，在 4 月 12 日的时候形成顶部为 191.875 美元。这是第三个顶部。第一个顶部为 192.75 美元，第二个顶部为 193.75 美元，而这个第三个顶部为 191.875 美元。

也许大家会问，为何该股在这个位置会形成这么多的顶？我觉得，这个原因就是在 194 美元、195 美元到 200 美元的附近有非常大的抛压。内部人士都了解这些，所以他们不会在这个位置去收集大量的股票。该股仅仅涨到非常靠近这些价格的位置，让那些想卖出的交易者没法卖出，之后，在大幅度下跌的时候，那些想在这个位置抛售的交易者就会在下跌的时候失去耐心而抛售。5 月 31 日，该股跌到了 162.5 美元。要留意，该股已经跌破了 1929 年 2 月 16 日和 3 月 26 日的最低点，交易者肯定会因为恐惧而抛售股票。所以能肯定的是，在下跌的时候，止损都被执行了，因为该股从顶部一直跌了 30 美元。从这个低位开始，该股最后一次上涨开始了。

1929 年 7 月 5 日的时候，该股涨到了 200 美元。要留意，这次它连续突破了 191.875 美元～193.75 美元的这些顶部。所以，所有那跌在 195 美元～200 美元设置了委托的交易者都出场了。而在该股恰好止涨于 200 美元这个整数位，7 月 11 日的时候，只回调到 197.5 美元，之后在 7 月 13 日的时候涨到了 204 美元。这就是说，有人在大于等于 200 美元的位置收集了股票。这些整数位附近一定会有非常多的卖单的，很多人都会在 100 美元、200 美元、300 美元这种整数位去做空。7 月 16 日的时候，该股又回调到了 198 美元。留意一下，这个底部比 7 月 11 日形成的底部高 0.5 美元。这就表示，假如交易者想在 197.5 美元、197 美元或上一个顶部的附近去买入该股，他们是无法买到的。该股突破 200 美元后又涨到了 204 美元，就表示该股还能继续上涨，这就是因为有人在该股的历史最高点的高价区域收集这些股票，同时有非常大的成交量。从 198 美元开始，猛烈的上涨开始，其间的回调非常小，在 8 月 24 日的时候，该股涨到了 260.5 美元，在 8 月 29 日展开的快速回调，使其价格跌到了 251.5 美元，该股最后的上涨在 9 月 3 日形成了历史最高点 261.75 美元，这个位置只比 8 月 24 日的顶部高 1.25 美元。可以非常肯定，从 262 点开始上涨的过程中，一直都存在着该股的卖单。这就是该股止涨在 261.75 美元的原由。之后开始了快速下跌，11 月 7 日的时候，该股跌到了 161.5 美元的最低点。要留意，这个位置比 5 月 31 日的最低点低 1 美元。也许交易者在 162 美元的位置设置了止损，而且一定成交了，使得价格比前面的最低点低 1 美元。之后就是快速反弹的开始，11 月 8 日的时候，该股涨到了 175.75 美元。之后最后一次下跌开始，同时成交量非常之大，在 11 月 13 日的时候最疯狂，该股跌到了 150 美元。这次该股恰好止跌在整数位。留意一下，1928 年 12 月 17 日的最低点为 149.75 美元。注意这些以往的阻力位或者关键变化开始的位置，这是极为重要的，就是因为股票往往会在这些位置首次或者好几次得到支撑。那些想在 150 美元买入该股的交易者，要把委托价格设置在 150.25 美元的位置才可以成交。

我的规则就是，在这些以往的价格下 3 点的位置设置好止损，也要在整数位上下 0.125 点或 0.25 点的位置设置好止损。

在低位做空

很多交易者都觉得在 75 美元、50 美元或 25 美元的位置去做空是很危险的。其实只要大趋势的方向是向下的，那么做空就不会有危险。在此举个例子。

国际能源工程（International Combustion Engineering）。该股

在 1929 年 2 月的时候最高点为 103 美元。3 月的时候，这只股票急速下跌到了 61 美元，5 月的时候，反弹到了 80 美元。现在，当股票为 80 美元的时候，交易者也许觉得价格较低所以不想做空，原因就是它曾经的价格达到过 103 美元。5 月下旬的时候，该股跌到了 56 美元，6 月的时候，该股反弹到了 76 美元，仅仅比 5 月的最高点低 4 美元。在该股反弹到这个价格附近的时候，一定要非常坚定地去做空它，并在 5 月的最高点上方设置好止损。之后它开始下跌了，一直跌到了 50 美元，向下跌破了 5 月的最低点，这又是一个非常好的做空点，而且在 25 美元或者下跌期间所有的价位都是非常好的做空位置。而它跌到 15 美元的时候一样要去做空它，它在 12 月的时候跌到了 5 美元。该股在 6 月的 76 美元之后一直持续下跌，其间没有其他的表现。所以，正确的做法就是，在这段时间内的任何位置去做空它。

我们一定要学会去忘记一只股票以前到过的最高点和最低点。我前面举的例子——国际能源工程，并不是特例。还有几百个这种例子。阿德万斯·鲁梅利就是其中之一。1929 年 5 月的时候，该股涨到了 105 美元，1929 年 11 月的时候跌到了 7 美元。我能够列举出非常多的股票，这些股票在 1929 年并没涨过 25 美元、30 美元之上，但是它们却跌到了 15 美元、10 美元甚至 5 美元。只要大趋势是空头，那么在任何价格都可以去做空；同理，只要大趋势是多头，那么在任何位置都可以去做多。

危险的做空

最危险的做空就是去交易那些成交量很小或者流通股很少的股票。这些股票被少数人持有，非常容易被囤积。发行量只有 100 万股的股票和那些发行量有 1000 万～5000 万的股票相比，发行量少的股票很容易发生大幅度的上涨。

买入做多的时候尽量去选择那些流通量小的股票，而卖出做空的时候尽量去选择那些流通量大的股票。一些流通量小，却又有过大幅度上涨的股票有：鲍德温机车（Baldwin Locomotive）、熔炉钢铁（Crucible Steel）、休斯顿石油（Houston Oil）、美国铸铁管、美国钒钢等。

在牛市的后期买入低价股

在牛市已经运行了很多年的时候，交易者一定会选择一些还没展开上涨的股票准备买入。他们会选择那些低价股，觉得这些股票会随着其他的股票上涨而上涨。这就是交易者可能会出现的严重的错误。假如一次牛市已经运行了几年，但总体上已经快要结束了，就是在行情结束前的 3～6 个月里，这时买入低价股并且期望着它能够在这最后的时间中上涨是很危险的。虽然说有的低价股是晚涨的股票。一般情况，高价股往往在牛市的最后阶段完成上涨过程。只有在走势图中表示低价股上涨到了高价区域，同时是强势状态的时候，才可以买入做多，不然只要是在狭窄区域内运行，并且还不活跃，就不要去买入。下面这些低价股不仅没在 1929 年牛市的最后阶段时上涨，反倒在其他股票上涨的时候下跌，而那些买入它们的交易者承受了非常大的亏损。它们就是阿贾克斯橡胶（Ajax Rubber）、美国农业化工（American Agricultural Chemical）、美国甜菜糖业（American Beet Sugar）、美国拉法郎士紧急装备（American La France）、美国船运与商业（American Ship & Commerce）、阿莫尔 A（Armour A）、布兹渔业（Booth Fisheries）、卡拉汉铅锌业（Callahan Zinc &

Lead）、联合纺织（Consolidated Textile）、多姆矿业（Dome Mines）、电动船舶（Electric Boat）、关塔纳摩糖业（Guanta-namo Sugar）、约旦汽车（Jordan Motors）、凯利·斯普林菲尔德（Kelly Springfield）、家荣华（Kelvinator）、路易斯安那石油（Louisiana Oil）、罗夫特（Loft）、月亮汽车（Moon Motors）、公共汽车（Omnibus）、潘汉德尔制造（Panhandle Producers）、犹他公园（Park Utah）、锐欧汽车（Reo Motors）、雷诺兹·斯普林斯（Reynolds Spring）、斯奈德包装（Snider Packing）、潜水艇（Submarine Boat）、沃德烘焙 B（Ward Baking B）、威尔逊公司（Wilson & Company）。

怎样确定龙头股

假如我们订阅了报纸，并且在每天收盘后阅读，然后选出那些在当天成交量最多的股票，就可以确定在这个时间段内，什么股票是龙头股，并且在后面的几天时间或者更长时间内跟踪准备买入。要注意那些在长时间内成交量很少，而且还是一直运行在一个狭窄的区域的股票。之后，只要成交量一开始加大，就要注意这只股票向哪个方向运动，然后跟随趋势去交易。在一只股票突破活跃的时候，同时成交量增大，就能够认为它有可能是龙头股，所以可以跟踪买入。

运行缓慢的股票

一些股票会在很长的时间里运行缓慢，但只要趋势是看多的，就能够期望着它们肯定会出现快速上涨。交易这样的股票，是可以去期望着它出现上涨或者下跌的最后的快速运动的。在这样的股票的快速运动的时候是可以获得大量利润的，其运动持续时间为 3

天～10天，有的会更长一些。大部分情况，在一只股票快速运动6周～7周后，就能够期望着它趋势的改变了，至少可以去期待暂时的趋势改变。比如：我们来观察下美国钢铁公司、美国工业酒精（U.S. Industrial Alcohol）和迪姆肯滚轮轴承公司（Timken Roller Bearing）在1929年7月和8月的运行状况。这些股票都是晚涨股，但是它们都在8月才达到最疯狂的时期。

为何股票运行到极端的情况

市场是不会欺骗我们的，只是我们自己在欺骗我们。股票会运行到极高点或者极低点，换言之就是太高或者太低了。发生这样的情况，是因为交易者持股观望，最终股票开始大幅度下跌，他们承受了大量的亏损，之后所有人就一起抛售股票，所以股票价格就运行到了其自身的价值以下了。同理，在牛市最后的时候，每个人都非常乐观，同时也有了相当多的收益，交易者们就会增加交易量，不管价格是多少而去大量地做多。做空的交易者受到损失后不敢再去做空了，同时市场发生了失控的疯狂的上涨运动，这减少了空方的利润，增加了多方的利润，使得市场的技术形态变得极为弱势，在此之后，市场开始了急速下跌。

为何股票在低位运行缓慢而在高位运行快速

价格运行得越高，其运行速度就会越快，得到利润的机会就越大。这是因为大部分的交易者的买入和卖出都是在低位区域运行的。在一只股票在价位区域（如25美元或者更低的区域）震荡了很多年，大家开始大量地买入该股，之后该股就会涨到50美元附近，之后大家继续买入该股。在它涨到了 100 美元附近的时候，大家不是去全部抛售出去，就是因为极为自信而继续做多，同时还会在其大幅度下跌的时候大量地买入。当大家抛售完毕拿到利润的时候，内部人士和一些大财团就得买入该股。他们买入的原因就是，他们清楚这只股票的价值高于现在的价格，期望着该股后面能够继续上涨。在大家的卖单被收集完毕后，内部人士就会开始快速地拉升该股的价格了，这也非常容易了，他们不会遇到严重的抛压。在一只股票涨到了 180 美元~200 美元的时候，一定会有着巨大的空头回补，之前那些在低位做多的大财团，就会借着大家的买入而将手中的股票抛售出去。大家是不会去交易 200 美元以上的股票的。所以，当一只股票突破了这个价格以后，这只股票的价格就变成了专业做空者和该股背后的大财团的战场了。一只股票从 200 美元涨到 300 美元的时间要比从 50 美元涨到 100 美元的时间要少，就是因为在高价区域内交易的都是资金非常大的人，他们交易的数量非常大。的确，每只股票肯定会运行到一个价格，内部人士愿意在这个价格去卖出大量的股票防止该股继续上涨，使得其主趋势反转向下运行。之后，大家在高价区域内做空的机会就有了，但还是一定要等，等走势图告诉我们其主要趋势已经发生变化后再进行交易。

低价股，换言之就是价格小于 50 美元或 25 美元的股票，有的时候也会发生快速下跌运动。像纽黑文（New Haven）这样的股票，以前涨到过 280 美元，之后慢慢下跌，在不到 100 美元的时候发生了快速下跌，该股在 50 美元之下的时候也发生快速下跌。该股最后在 25 美元发生了无法阻挡的崩盘。这就是由于那些持有很多年的交易者抛售了手中的股票，他们看见了该股不断地下跌，而自己的资金不停地减少，同时该股也没分红，最后期望破灭，抛售了该股。大部分的持有者都在 20 美元~12 美元的时候抛售该股。之后，长期的不活跃和收集，该股终于复活了，在 1929 年 10 月的时候从 10 美元涨到了 132 美元。

持有股票的期限

在交易的时候，肯定要是足够的理由的，同时需要在一个恰当的期限内有盈利的可能性。但同时要牢记，我们也是会出现错误的，假如股票的运动方向和我们所交易的方向相反，就一定要止损。而股票的运动方向并没和我们交易的方向相反时，我们也许会出现错误。假如股票基本不进行运动，这也是在损失自己的财富，这是真正的损失，因为我们本来能够用这些钱去抓住其他机会得到利润。普通的股票，要是发出了上涨或者下跌的信号，假如该股真要上涨或者下跌，就会在 3 周内持续发生上涨或者下跌的运动。所以，我们最多等待一次运动的期限就是 3 周。假如一只股票 3 周后还没开始进行运动，那么就要退出来去把握新的机会了。一些运动比较慢的股票，例如投资方面的股票，也许会进行横向运动 3 个月～4 个月。所以，有的时候去等待一次运动 2 个月～3 个月还是较为值得的。我们一定要牢记，当持有一只基本没行情股票的时间越长，我们出现判断上的错误的可能就会越大，原因就是我们持有的是期望。我们应该去探究股票不发生运动的全部因素。假如无法找出一只股票能在一定的期限内发生运动的原因，就别再持有它了，要马上退出来。假如找出了原因，证明该股能够在固定的期限内发生运动，事实上并没能发生，这肯定是有问题的，也许股票就不会向着与交易方向相反的方向去运动。在首次知道了出现错误的时候一定要第一时间出场，这应该成为我们的交易规则。空仓的情况下，我们判断的准确程度会比持仓的时候大，因为空仓的时候，我们不会被期望和恐惧干扰。

被操纵的股票

很多的时候，股票都会涨到超过它自身价值的价格，就是由于有大财团会在这段时间内对其进行操纵，同时也是什么都不考虑地去操纵，接下来该股就会出现暴跌。所以，假如交易者们正好交易了这样的股票，就要去知道应该怎样应对，原因就是只要这只被操纵的股票还在上升趋势中，用于交易这只被操纵的股票的资金就会和那些因为价值而上涨的股票相等。但是，我们的目的都是要跟随好趋势，同时要在恰当的时机退出来。

阿德万斯·鲁梅利（Advance Rumely）——这只股票于 1928 年和 1929 年走出过振奋人心的上涨波段，其上涨的原因并不是企业的盈利能力，而主要的原因就是价格操纵。而交易者和投资者，只要能够遵守走势图和各种信号，就可以从这次的上涨中挣得巨大的财富。观察一下它的历史走势，交易者们就可以知道要在什么时候抛售它了。（图 7）

1912 年，最高点为 101 美元。1915 年，最低点为 1 美元。1919 年，最高点为 54 美元，1924 年最低点为 6 美元，这就可以表示这只股票是只晚涨股，该股在别的股票开始上涨（即 1920 年和 1921 年）之后的好几年才形成最低点。1924 年，该股从 6 美元开始反弹，直到 1926 年的时候，该股反弹到 22 美元。1927 年，该股跌到了 7 美元，这是个可以买入做多的位置，就是由于该股跌到了比 1924 年最低点低 1 美元的位置。之后展开了一次大幅度的上涨，1928 年 4 月的时候，该股涨过了 16 美元，这就表示它还能涨到更高的位置，交易者也要在这个位置再进行买入。在当月，这只股票涨过了 1926 年的最高点

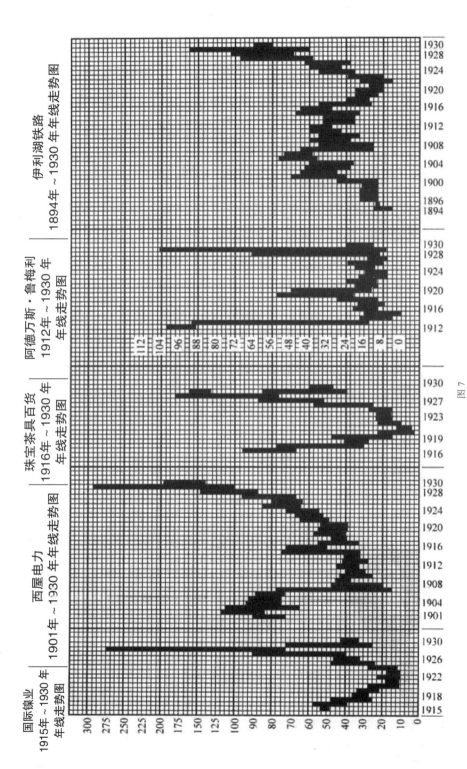

图 7

123

22 美元，因为该股成功突破了从 1921 年到现在全部的最高点，所以现在的这只股票就非常强势了。1928 年 9 月，该股涨到了 64 美元，在 1928 年 12 月的时候，跌到了 31 美元。从这个位置展开了一次快速上涨，之后上涨了 74 美元，涨到 105 美元用时 5 个月左右。

从这可以知道，该股涨得太快了，同时其公司的收益和其他的情况都不足以使该股的价格能待在这个位置上，所以，交易者要知道在 1912 年的时候，该股的最高点是 101 美元，同时也在要这个价格附近抛售，但之后该股又涨了 4 美元。假如交易者没能在这个价格附近抛售，就得设置好止损，让止损一直离最高价格 10 点，且一直跟随价格的上涨。这样的话，就可以在价格运行到 95 美元的时候退出来了。该股在跌到 95 美元之后一直下跌，其间并未发生反弹，在其价格向下跌破 82 美元的时候，价格就运行到了 3 周内所有的底部的下面，这就能够表示其价格还会下跌的。当该股的价格在 105 美元的时候，遍地都是关于买入做多的信息，也恰好是在那个时候，该股的表现十分不好，就表示该股将会出现快速下跌，每次的反弹幅度都非常小，那些被套的交易者们没时机退出来，而大部分交易者都被该股套住了。

1929 年 10 月，这只股票又跌到了 1927 年 7 月的位置，这也是个买入点，之后该股又反弹到 23 美元，让交易者有了这次快速盈利的机会。在那之后，该股在一个狭窄的区域内运动。实际上，这只股票在其他股票并没展开暴跌的时候进行了暴跌，这已经可以说明该股的价格被操纵了。然而，在 1929 年 9 月的时候，在全部股票都在发生恐慌性下跌的时候，该股竟然逆市上涨。假如一只股票发生和整体市场趋势方向相反的运动，就可以表示该股肯定是哪里有问题了，也就是说，该股的价格被操纵，运动到了不符合道理的位置，所以交易者们要提高警惕了。

涨幅大的股票

火山爆发并不是常常能够看到的。维苏威火山每天都会发生喷发的情况，但那仅仅是一些小型的喷发。大型的喷发和破坏性喷发大概每20年出现一次。股票和这一样。快速运动和涨幅过大行情也是有时才发生。观察一下在以前当过龙头股的列表，就可以看到这些大级别的运动是极为少见的。比如：

联合太平洋公司（Union Pacific）——这只股票自1904年的最低点80美元，开始上涨，一直涨到了1905年和1906年的最高点195美元，1907年大恐慌的时候，该股跌到了100美元，之后在1909年9月的时候涨到了219美元。这就是我所说的火山喷发行情。1906年的时候，该股展开了首次大幅度上涨，之后到了1909年的时候形成最高点。之后，该股一直下跌，在1917年的时候跌到了102美元，1921年的时候，该股的价格是111美元。1921年～1928年期间，该股上涨缓慢，从来没发生过快速运动。1928年8月，该股的价格为194美元，之后展开了上涨，上涨突破了1909年的最高点219美元。在突破了这个位置以后，该股在1929年3月26日，跌到了209美元，然后慢慢上涨，在1929年7月的时候，涨到了232美元，从这个位置开始，展开了一次快速上涨。价格不断地上涨，到了1929年8月的时候，该股涨到了297美元的历史最高点，这个位置比1928年8月的最低点高了103美元。这就是所谓的火山喷发行情，这种情况出现的时候，就是抛售的时候了，原因就是最好的机会已经没有了。1909年以后，该股的交易者期望着可以发生和1906年、1909年一样的快速上涨，但这些交易者要等待20多年，才等来了这样的行情。所以，我们一定要了解，只要一只股票发生了这样的快速上涨，它就会在非常长的时间里不会又发生快速上涨，也可能是永远不会发生了。

熔炉钢铁（Crucible Steel）——这只股票是另外一只发生了火山喷发行情的股票（图 8）。1915 年的时候，这只股票从 13 美元附近的位置开始上涨，一直涨到 110 美元，后来又回调到 45 美元左右。1919 年的时候，又从 54 美元附近开始上涨，在 1920 年 4 月的时候涨到了 278 美元。然后该股进行拆股和宣布分红。之后就开始不断地下跌，到了 1924 年的时候，该股跌到了 48 美元。那些买入该股的交易者（在 1924年~1929 年），期望它可以再次发生像 1919 和 1920 年那样的上涨，但最终他们错过了可以在其他股票上得到大量收益的机会。

所以，我们一定得不停地注意那只龙头股，不要去交易那些出现了涨幅大的股票。相同的情况也可以发生在长期下跌的后面。一只股票有过跌幅大的行情以后，需要非常长的时间才会再次发生这样的下跌，同时之后的上涨也可能会非常的缓慢。

新股

要牢记，一般情况下，做空新股是很安全的。我在这说的新股，是说在纽约股票交易所仅上市交易几个月~2 年的股票，或者那些新重组的公司进行派发的股票。在承销商进行派发的时候，一切的消息都是极为看好该股的，导致买入这些股票的交易者的期望太大了，但几个月或者几年之后，交易者就会发现事实远不能达到他们所期望的情况。其结果就是开始一段时间的抛售、重组和改组。投机性多头交易者被赶出了市场，之后这只股票就会从一个长期的基础开始上涨，原因就是那些大财团和投资者们已经开始买入了，持有的股票是在低价买入持有的那些以前的投机者在高位买入而在低位卖

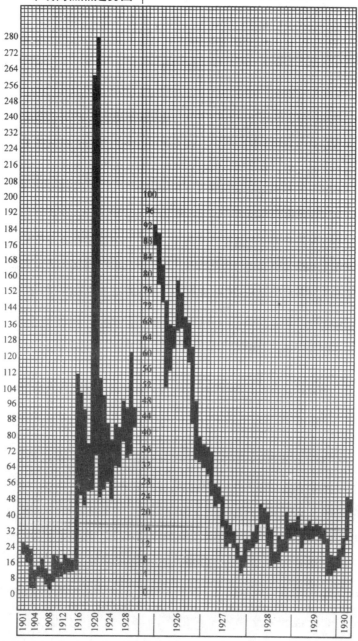

图 8

127

出的股票。在这些股票到了底部的时候，一般会用很久的时间来进行收集。

你从来没听过的做空的事实

许多交易者没勇气去做空股票，就是因为他们从来没听过做空的事实，也从来没人告诉过他们做空股票和买入股票是一样安全的，而且在熊市里去做空得到利润的速度比在牛市中去做多得到利润的速度快很多。全部记者、投资咨询机构和经纪行往往是不鼓励做空的。银行也不提倡这样的形式。当股票涨到非常高的价格然后下跌后，大家却为什么都在反对做空？我们可以常常在报纸上看到这样的语句："空头逃窜"、"空头落入陷阱"、"空头遭到狙击"、"空头被迫回补"、"空头完败"、"空头将被惩罚"、"某只股票的背后窝藏着一个大的做空财团"。然而，是什么原因使我们从来没有在报纸上看到相反的意见？比如："多头遭到狙击"、"多头完败"、"多头被迫回补"、"准备逃出牛市吧"，等等。

市场在1929年恐慌的底部的时候，纽约证券交易所要求列出做空者的名单。而在市场正在顶部的时候，所有人都因为买入而处于相当危险的情况中，这正好是最需要警告和保护的时候，而纽约交易所为什么没要求列出那些正买入股票和那些正在这样的高位抛售者的名单，用来警告大家？知道谁在顶部买入股票与知道谁在顶部抛售股票，和知道谁在底部做空股票是一样非常关键的。但没一份关于这样的报告。在大家都犯了在顶部做多的错误的时候，股票就只能下跌；而在大家都犯了在底部抛售并且做空的错误之后，股票就要上涨。普通的交易者了解的东西都是和防止他们去做空有关，获得的消息也是和利好做多相关的。但交易者和投资者想得到的消息是实情，并非那些观点和期望。

每一个想要去探究多年内最高点和最低点记录的交易者都能够得出这样的结论，就是只要交易者可以在恰当的时机做空，那么做空和做多是一样安全的。那些在1929年10月24日和29日的两次多头进攻中受到亏损的"羔羊"们，假如他们能够在当时做空，就会好很多了。在10月恐慌的时候，多头和那些"羔羊"经历了史上最严重的完败。10月29日第二次多头进攻以后，多头大伤元气，全军覆没，从华尔街到沃尔特街，从巴特瑞到布朗克斯，放眼望去都是那些牛角、牛皮、牛蹄和牛尾。"羔羊"们身负重伤，一瘸一拐地走回家，大声痛苦地喊叫："那些可悲的笨蛋，其实仔细想想，就是在说我们。"多头们像火车一样排队回来喊道："再也不了。"从巴特瑞到少女巷，牛血像大雨一样地洒下。劳森说的"黑色星期五"到来了。为何在"羔羊"们受到这样的屠杀和多头的心脏碎裂之后，我们还是没能听到或者看到一些关于悲惨的多头的评论？而我们却听到了更多有关空头回补和空头被打压的评论。假如在1929年10月和11月的恐慌性下跌里有更多的做空的交易，那么市场就不能够跌到这样低的位置，原因就是做空的人一定会在下跌的时候进行空头回补，这就可以对市场起到支撑作用，以免更多的股票发生暴跌崩盘。一个健康的市场，做空的关键程度和做多是一样的。

为什么股票要进行拆股和分红

和前面说的一样，大家都知道的一条交易规律，大家是不会去大量地交易那些100美元以上的股票的。并且假如价格到了200美元或者300美元的时候，大家的参与程度就会越来越低了。大部分在纽约证券交易所上市的公司，都想着向大家去尽可能多的派发股票。所以，为了能够让大家在高位的时候去买入股票，就要把股票进行拆股和分红，这样股票的价格就又可以回到 100 美元或者 100 美元以下的价格了。之后大家就愿意去买入这些股票了。很多盈利能力强的公司进行拆股和分红的原因只是因为股票分红在目前的法律下不需要缴纳税款，而其他公司进行分红的原因是真的想让大家有机会成为他们的股东，一起分享公司的利润。但是，很多被大量操纵的股票，进行拆股和分红的原因只有一个，就是为了能够将手中的股票派发给大家，只要将手中的股票派发完毕之后，再让其价格跌到很低的位置。

通常情况下，在一只股票进行拆股之后，都需要非常长的时间派发或者收集，在股票进行分红之后，往往不会发生大规模的运动。的确，也是要依照走势图来分析该股的强弱情况，有一条有效的交易规则，当一只股票涨幅很大，而且进行分红后，马上退出来，不要再交易它，去寻找新的机会，只需要注意这只股票就可以了，等待这只股票又出现明显的方向的交易信号。

公司的拥有者是谁

我们需要知道的一件非常关键的、和自己所交易股票有关的事情是，公司的拥有者是谁，谁是管理者。J.P.摩根公司拥有股份或者管理的那些公司的股票，往往都会表现得非常出色，原因就是 J.P.摩根公司只会去投资那些他们觉得在未来会有很大潜力的公司。杜邦公司持股的那些公司也会成为绩优股的。所以，在我们想要入股一家公司的时候，要去搭那些成功人士的顺风车，同时也是要选择好适当的时机的。

早期买入美国钢铁公司股票的机会不是在它刚刚组建起来的

时候，而是在该股价格下跌到 10 美元左右形成最后的底部的时候。
J.P. 摩根公司买入了该股，表示该股今后的表现会非常好。虽然美国
钢铁公司以前很多次从最高点回调了 50 美元～75 美元，而之后都是
会恢复上涨的。走势图表示了该股什么时候形成底部并且正要下跌，
什么时候又是形成底部并且正要上涨。

1921 年，摩根和杜邦两大财团从杜兰特的手里接管通用汽车公
司，当时该股价格为 15 美元左右，之后又持续下跌到了 8.25 美元，
然后就在一个狭窄的区域内进行横向整理，1924 年的时候大趋势才
转为多头。在我们知道了这两大财团接管该公司之后，就要去注意
好的入场机会了，因为当时的情况明确表明，这两大财团能够让这
家公司再创辉煌。但我们也不需要着急，等待 3 年之后，在该股形
成底部的附近入场，然后就开始快速盈利了。

国家城市银行——该银行是世界最大的银行之一，近些年以来，
投资了很多的公司，这些公司正在变得越来越辉煌，但这些公司的股
票早晚都会形成顶部并且要抛售出去。在这些大财团投资的公司的股
票形成底部，走势图告诉我们趋势向上的时候，是要进行买入的。

管理不良摧毁了很多家优秀的公司，总会有人说，在杰伊·古
尔德（Jay Gould）使铁路股增值之前就已经摧毁了它们。那时专业
人士最喜欢说的就是："抛出古尔德股票。"伊利公司是另一家很多
年管理出现问题的公司，该公司的股票就像注了水一样。大家多次
将投入在该股中的钱赔光，该公司多次破产被接管。

已故的 E·H·哈里曼（E.H. Harriman）在 1896 年的时候，接管
了宣布破产的联合太平洋公司，后来将该公司发展为美国最大的铁
路公司之一。在 24 年多的时间内，该公司不断地派发了 10% 的分红。
E.H. 哈里曼是一位有着发展性的创造者，那些买入了他管理的公司
的股票都能够赚到钱。管理不好能够摧毁一家优秀的公司，而良好

的管理能够让一家较差的公司走向辉煌。

货币利率、债券和股价

　　研究和比较货币利率、平均债券价格和股价是非常关键和重要的。（图9）我们能够发现货币利率是怎样影响债券的价格的，也能够发现债券价格的最高点和最低点与股价的不同之处。货币利率影响着债券价格的上涨或者下跌，而债券价格又影响着股市今后有怎样的改变。

　　（图9）显示了很多年的货币利率走势图，我们可以看出短期存款利率表示着什么。每一个高货币利率期过后，都会有股价比较低的情况，不论股价是在高货币利率之前较低还是之后较低。高货币利率表示着贷款量的加大，货币供给的不足，投机者一定会被迫进行抛售来偿还贷款。低货币利率也不都表示着牛市将要开始或者股价将要上涨。低货币利率的意义正好和高货币利率相反，低货币利率表示资金的需求量非常少，在低货币利率的时候，或者至少是货币利率正常的时候，往往经济状况都不是很好。所以，在经济状况不是很好的时候，上市公司就不会有较好的盈利能力，也不会增加其分红。在经济状况慢慢变好，同时货币利率慢慢增加的时候，股票市场就会因货币利率的变化而改变，或者可以稍微提前于货币利率。

　　1914年12月，股价到了最低点；1915年9月，债券价格到了最低点，也就是比股价到最低点的价格延后了9个月。1915年11月，股价到了最高点；1916年1月，债券价格到了最高点。之后，债券价格一直跌到了1917年12月，形成最低点，同时这段时间内没有展开反弹；股价在1917年发生了反弹，美国钢铁公司在这年的5月形

道·琼斯 30 种工业股平均价格指数、40 种债券平均价格指数和货币市场短期同业拆借平均指数

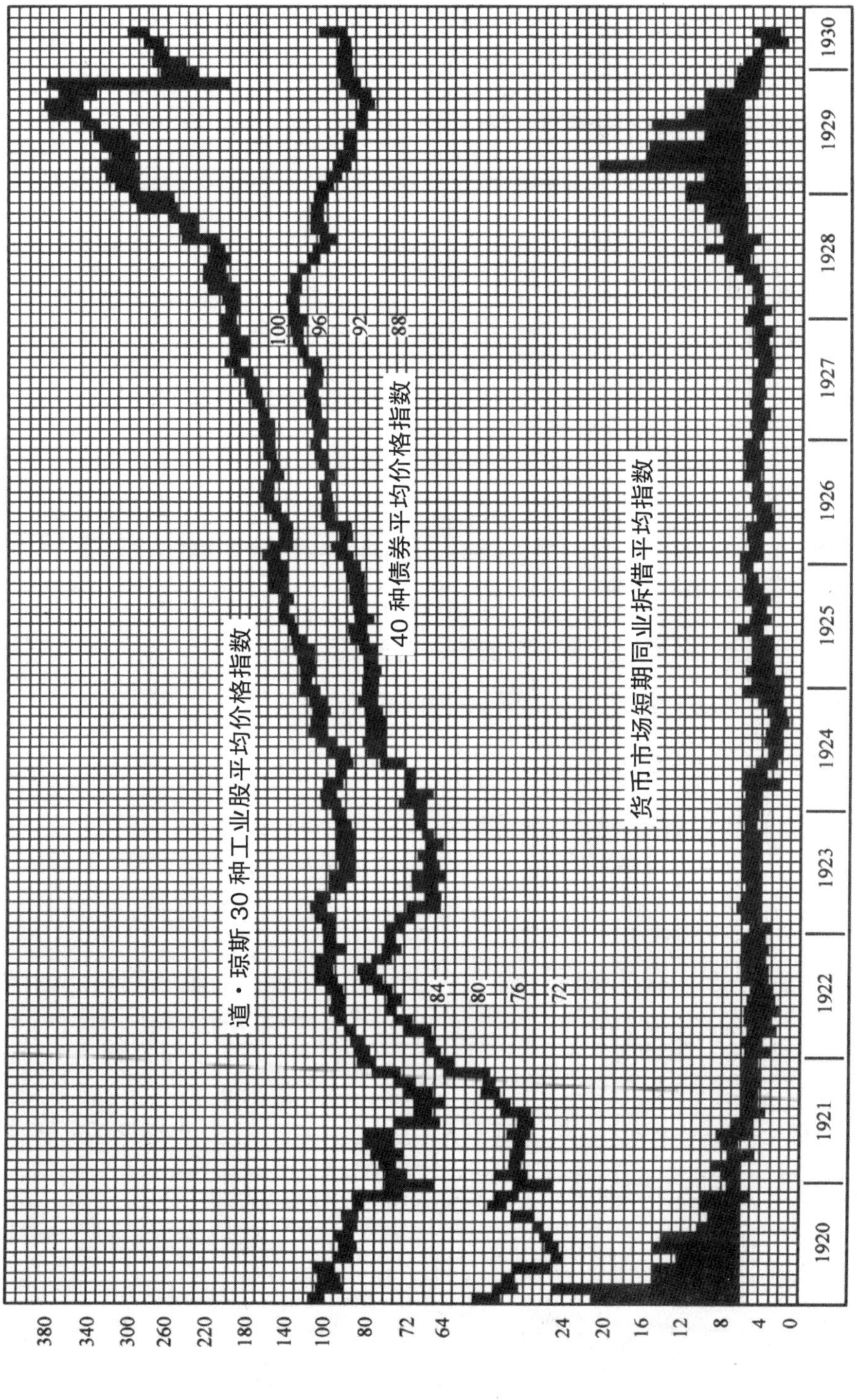

图 9

成了那年的极高点。1917年12月，股价到了最低点；1918年5月，债券价格到了最高点，但这只是个小反弹，1918年9月的时候，债券价格形成的最低点和1917年12月的最低点一样。这也就是我们经常说的双底，我们要在此进行买入。股价在这个位置得到了支撑并且开始上涨。1918年11月，债券价格形成了最后反弹的最高点，之后就开始下跌。

1919年，股价出现了大繁荣，在11月的时候形成最高点，但是这时的债券价格却一直下跌。股价出现最后的最高点的时间比债券价格晚一年。1920年5月，债券价格形成了最后的最高点。1920年12月，股价形成最低点并且开始反弹；1920年10月，债券价格形成了反弹的最高点，之后展开了一次急速下跌，在1920年12月的时候形成了第二个最低点。1921年5月，股价形成了反弹的最高点；1921年1月，债券价格形成最终的最低点，这个位置是上次最低点（1921年6月）形成一年后的又一个高一些的最低点。1921年6月，一部分股票的价格形成了最低点，而市场的最低点形成于1921年8月，这个位置是大牛市行情运行前的最后一个最低点，这个位置比债券价格形成最低点的时候延后了16个月。1922年9月，债券价格形成了最高点，而股价却在继续上涨，在1923年3月到了更高的价格并且开始回调。还是这个月，债券价格回调到了最低点，同时，股价到了最高点，而债券却在一个狭窄的区域内进行横向整理，在1923年10月的时候形成最终的低点。股价也在1923年10月的时候到了最低点，之后开始反弹，在1924年5月的时候形成最终的最低点，虽然部分股票直到1924年10月的时候才形成最低点。

柯立芝当选总统之后，股票就开始上涨了。而在股价进行最终的回调时，债券价格是在缓慢上涨的。1926年2月，股价形成了最高点，3月的时候开始大幅度暴跌。1926年8月，股价形成了更高一点的最高点，然后在 1926 年 10 月的时候开始了急速下跌。1926 年 5 月，债券价格形成了最高点，之后就在一个狭窄的区域内进行横向整理，其间只有一些小的回调，在 10 月的时候才形成了最终的最低点，后来又开始上涨。1928 年 1 月和 4 月，债券形成了最终的最高点，而这个位置刚刚过了 99 点的位置。因为没有突破 100 点，就表示在 100 点附近的抛压非常大，这一定是由于非常多的人没有在恰当的时机退出来。假如这些人有走势图，同时观察了债券价格是怎样横向整理了好多个月，而价格却没有什么关键的变化，他们就可以发现，大量抛压存在着，就要马上去抛售出去，货币利率正在上涨，就要抛售了。

1928 年 4 月的时候，债券的大趋势反转向下了，1928 年 8 月，债券价格形成了小幅度反弹的最低点，在 1928 年 11 月的时候，反弹结束了；这时的股价是在不断上涨的，在 1929 年 9 月 3 日形成了最后的最高点，形成最高点的时候较债券相比，延后了 20 个月左右。但是最关键的就是要了解，纽约股票交易所全部股票的平均价格在 1928 年 11 月的时候形成了极高点。1929 年 8 月，债券价格形成了最低点，在 1929 年 10 的时候，形成了一个较低的最低点，之后就在 1929 年 12 月的时候开始反弹，之后在 1930 年 1 月的时候开始了一次小幅度的回调，之后在 1930 年 4 月的时候开始上涨。要多注意货币利率和债券市场，就可以看到这些对于我们研判股价的趋势是非常有帮助的。

第 6 章

投资者应该怎样进行交易

很多的股票都是要通过长期持仓才能赚到大钱，但经常也会有一些长期持仓赚不到钱的情况，这是由市场的环境、周期和离派发的时间决定的。假如我们买入了一只中低价的股票，并长期持有该股，同时这只股票还不进行分红，那么就需要计算一下投入的本金的利息，假如得到的盈利大于投入资金的利息，就可以去进行长期持仓。很多的投资者买入了一只低价股，然后一直持有了很多年，最终在获利 5 美元的时候将其抛售掉，还觉得自己赚到了利润，但假如这样的人可以去计算一下投入的本钱在这几年的复利，就可以发现其实自己并没有拿到应有的利润。而且，还让自己的资金有过风险。

投资者要在什么时候抛售股票，得到收益

我说的投资者，是指那些买入股票后持有了好几年或者做长线交易的交易者。投资者一定要有准确有效的风向标，才可以在下跌过程中的底部附近入场做多，只要入场是正确的，就要一直持有该股，直到牛市的结束，其间那些次要的运动也要忽略掉。但是一定得认真分析走势图，来确定交易的股票在什么时候显示出弱势，也

要认真留意主趋势反转的迹象，将自己投资的股票抛售出去。

纽约中央公司（New York Central）——1923 年初，我写完了《股价的秘密》这本书，书中我将该股作为了投资者和交易者要买入的最好的股票之一。在此给出了这只股票从 1921 年 6 月的最低点至1929 年 9 月最高点的走势图，（图 10）图中显示出了该股在这段时间内主要的波动和回调，这些都表示趋势是向上的。在上涨的时候，该股的顶部依次上移，底部也是一样的。对应投资者，一定要注意的最关键的事情就是最好的抛售的位置。我的规则说，一定要关注最后的快速上涨，也许能运行 7 周~10 周的疯狂的运动。

1922 年 10 月，该股自 1921 年 6 月的最低点 65 美元上涨到了101 美元，11 月的时候回调到了 89 美元，跌了 12 美元。1923 年 6月，该股涨到 104 美元，7 月回调到 96 美元，跌 8 美元。1923 年 12月，形成最高点 108 美元，回调了 8 美元，为 100 美元。1924 年的2 月~4 月，该股一直运行在 100 美元附近，之后创出了新高，这就表示该股要大幅度上涨了。1925 年 2 月，该股涨到了 125 美元，3月、6 月都回调 11 美元，到了 114 美元，但回调的幅度小于从 1922年第一个顶部回调的幅度，这就表示了主要趋势还是没有发生改变。1925 年 12 月，该股涨到了 136 美元。1926 年 3 月，在大部分的股票都开始恐慌性下跌的时候，这只股票下跌 19 美元，跌到了 117 美元，并没有跌到 1925 年形成的最低点 114 美元，而却形成了上移的底部，这足以表示了上升的趋势依然很强。所以，投资者在这个时候是要继续持有该股，不可以抛售。1926 年 9 月的时候，该股创出了新的最高点 147 美元。10 月回调 17 美元，到了 130 美元，这个幅度比 1926 年 3 月的回调幅度要大，但仍然还处于上升趋势当中。所以，投资者要在这个时候继续持有该股，不要理会这次回调。1927 年，10 月，新的最高点为 171 美元。1928 年 2 月，回调 15 美元，到了

纽约中央公司、艾奇逊－托皮卡－圣菲铁路公司
和美国电话电报公司的走势图

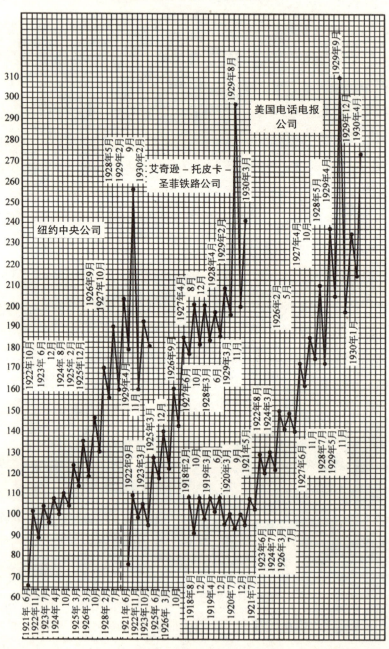

图 10

156 美元，仍然是上升趋势，没有发生改变。1928 年 5 月，该股创出新的最高点 191 美元。1928 年 7 月，回调了 31 美元，到了 160 美元，这次的回调是从 1921 到那时回调幅度最大的一次了，这是该股发出的警示信号，它告诉了我们抛压越来越大了。但是该股并没有跌破 1928 年 2 月形成的最低点，所以，大趋势仍然没有发生改变，就是由于该股并没有跌破任何一个前面的底部，和这次上涨行情开始的阻力位。1929 年 2 月，该股的最高点为 204 美元。1929 年 3 月、4 月的最低点都是 179 美元，回调了 25 美元，从幅度上看，没有超过 1928 年 7 月的回调幅度。在这个位置开始，展开了最后的快速上涨，该股在 1929 年 9 月的时候，上涨到了 257 美元，上涨了 78 美元用时 4 个月。

现在，我们假设投资者并不清楚 1929 年 9 月、10 月会发生恐慌，所以，投资者不会在顶部将股票抛售。为了可以知道要在什么时候将股票抛售和在哪个位置去设置止损，就要回去看一下回调幅度最大的那次，就是 1928 年 5 月从顶部的 191 美元回调 31 美元到了 160 美元的那次。之后一个关键的回调是回调 25 美元那次，1929 年 2 月回调到 1929 年 3 月、4 月的那次。要遵守的有效的交易规则就是：当一只股票在最后的快速上涨中到了最疯狂的时候，就要设置止损，在离顶部有上次回调幅度的位置。所以，投资者要在顶部之下 25 美元的位置设置好止损。当时的最高点是 257 美元，那么就要在 232 美元的位置设置好止损。在价格运行到这个位置的时候，并没发生过幅度大的反弹，一直到 1929 年 11 月，该股跌到了 160 美元，下跌 97 美元。而这个位置又是个买点。由于该股跌了近 100 美元，而且跌到了 1928 年 7 月该股发动行情的价位。1928 年 2 月的最低点是 156 美元，所以假如投资者在 160 美元的时候买入该股，就要在 155 美元这个稍微比上一个最低点低的位置设置好止损。1930 年 2 月，该股涨到了 192 美元。1930 年 3 月的最低点是 181 美元，但 2 月的最低点是 178 美元。所以，在我写本书的 1930 年 3 月的时候，投资者要在 177 美元的位置设置好止损。

假如投资者遵守了我在《股价的秘密》这本书所写的交易规则，而且在 1921 年的时候，在 65 美元 ~ 66 美元的位置买入了纽约中央公司的股票，之后又依照我们的交易规则在这只股票上涨的过程中一直跟进，那么就会在 232 美元的位置设置了止损并且成交了，也会因此而得到每股 167 美元的收益，就是 16700 美元的收益，同时也得到了持股期间因分红而得到的比较好的回报。假如最开始投资者购买 100 股的成本是 6500 美元，之后在 130 美元抛售该股的时候，利润就是 6500 美元。假如他在这个位置又买入了 100 股，那么利润就是 23200 美元了，也就是他本金的 4 倍，可以这么说，他在 8 年多的时间内的总投资回报率是 400%，平均年收益为 50%，这足以说明这次的长线投资是非常有价值的。的确，假如他通过金字塔加仓的方法进行加仓，每涨 15 美元或 20 美元就再买入该股，收益还会更加巨大，但投资者不加仓。在市场运行的方向和投机者或交易者交易方向一致的时候，他们加仓的时间间隔就会越来越小，所以风险也会越来越大。

要去注意什么

一位进行长线投资交易者或者一位真正的投资者要注意那些幅度大的波动、回调幅度和持续时间。例如（图 10），纽约中央公司、艾奇逊 - 托皮卡 - 圣菲铁路公司和美国电话电报公司的走势图。

投资者一定要先依照交易规则选择正确的股票买入，然后跟进上升趋势。而在趋势发生反转的时候，就要马上抛售出去，不要再去交易这只股票，要去找找没有展开大幅度上涨的新的机会。

　　南方铁路（Southern Railway）——年线走势图向我们显示了该股在 1902 年的最高点为 41 美元，之后在 1903 年的时候跌到了 17 美元。然后在 1906 年的时候形成了顶部为 42 美元，这个位置只比 1902 年的顶部多 1 美元。1907 和 1908 年的最低点为 10 美元。1909 年的最高点为 34 美元，之后的 3 年内在 32 美元~33 美元附近形成了顶部。1915 年，该股跌到了 13 美元。1916 年的时候涨到了 36 美元，只比 1909 年的最高点高 2 美元。之后在 1917 年~1920 年这 4 年内，都在 33 美元~34 美元附近形成顶部，之后就开始下跌了，而 1920 年~1922 年形成的底都在 18 美元。在这个位置运行了 3 年，而且该股形成了一个比 1915 年的底更高的底，这就表示该股会上涨。1922 年，该股向上突破了 1921 年的最高点 24 美元，就表示了它会继续上涨。之后在 1923 年，该股突破了从 1906 年到那时最高的顶部 36 美元，这又表示了该股会成为一只将要大幅度上涨的龙头股。1924 年初，该股突破了 1906 年的最高点 42 美元的历史最高点。18 年终于突破了这个顶部就明确地表示了该股将继续大幅度上涨，在较低价格买入了该股的交易者现在要继续买入了，而且要在上涨的过程中加仓。1928 年的时候，该股涨到了 165 美元，1929 年 11 月的时候跌到了 109 美元。要认真分析这样的形成多年的最高点之后，又一直形成不断上移的最低点，最后突破了极高点，在新价位区域运行的股票。这些股票都可以使投资者和交易者得到大笔收益。

　　在我写的《股价的秘密》这本书中，能够看见我选择美国罐头公司、罗克岛（Rock Island）和南方铁路作为将要进行大幅上涨的股票。之后这些股票都表现得非常优秀，假如使用相同的交易规则去交易那些走势基本一样的股票，将来就可以正确地选择出那些可以大幅度上涨的股票了。

买入老的或成熟的股票

投资者不要去买入新股，或者对其未来有万分的信心，但事实都不是这样的。那些优秀的大人物也会出现错误，他们中的大部分人都会对新公司抱以乐观的态度，都期望着有一些想不到的好事发生。所以，投资者要遵守的最安全的交易规则是：买入那些老的或成熟的股票。假如一只股票已经有了 20 多年的历史，而且它的分红记录也非常好，投资者就要先去留意一下该股的走势图，之后再依照走势图在该股的低位去买入，然后在该股最后快速上涨的时候抛售。这样老的或者成熟的股票在行情最后一个阶段会发生快速上涨，是因为在很多年之后，差不多全部股票都被投资者持有，浮动的筹码变得非常少，所以，在大的买方需求到来的时候，该股就会出现快速上涨，直到投资者大量抛售，阻止价格上涨。

艾奇逊 - 托皮卡 - 圣菲铁路公司铁路（Atchison）——在《股价的秘密》这本书中，我将这只股票认为是 1921 年要买入的铁路板块的绩优股之一。该公司成立于 1895 年，到了 1921 年就有了 26 年的历史，而且有着优秀的分红记录（图 10）。1921 年 6 月，该股的最低点是 76 美元。1922 年 9 月的最高点是 108 美元。1922 年 11 月最低点为 98 美元，跌了 10 美元。1923 年 3 月，最高点为 105 美元。10 月，最低点为 94 美元，比 108 美元低 14 美元。因为该股并没跌破底部 3 美元以上，所以大趋势仍然是向上的。1925 年 3 月，最高点为 127 美元。6 月，最低点为 117 美元，跌了 10 美元。12 月，最高点 140 美元。1926 年 3 月，最低点 122 美元，跌了 18 美元。结合考虑了这次的下跌是因为恐慌，而且一些高价股都跌了 100 美元，所以这次可以算做一次小幅度的回调。该股仍然是强势的，所以投资者要继续持有该股。1926 年 9 月，最高点为 161 美元。10 月最低点为 142 美元，跌了 19 美元。大趋势仍然看多，投资者还是继续持有该股。1927 年 4 月，最高点为 201 美元。

依照我们的交易规则，大量的抛压总是会出现在 100 美元、200 美元和 300 美元这样的整数位附近，所以就会出现一定的回调。知道这条规则的投资者就会在这个位置抛售股票，再在较低的价格接回该股。但投资者并不清楚大趋势发生反转了，而且走势图也没有发出信号。1927 年 6 月，该股跌到了 181 美元，跌了 20 美元，又形成了高一些的底部，表现出了上升趋势。1927 年 12 月，最高点为 201 美元，和当年 4 月一样。投资者可能会在此卖出，但趋势并没表现出已经反转。1928 年 3 月，最低点为 183 美元，跌了 18 美元，又形成了一个底部，表现出上升趋势。投资者要在 178 美元或者之前的最低点或者前一个最低点下面 3 美元的位置设置好止损。1928 年 4 月，最高点为 197 美元，形成了一个稍微低一点的顶。1928 年 6 月，最低点为 184 美元，跌了 13 美元。假如投资者在 1928 年 3 月的最低点下面 3 美元的位置设置了止损，就会非常安全。这个位置是该股第三次形成上移的底，表示了假如它可以出现一个更高的顶，就可以大幅度上涨了。

1929 年 2 月，最高点为 209 美元，这是新高，也表示了该股会大幅度上涨。1929 年 3 月，最低点为 196 美元，下跌了 13 美元，和上次回调的幅度是一样的。1929 年 8 月，最高点为 298 美元。该股并没成功突破整数位 300 美元，表示形成顶部的同时也完成了最后的快速上涨。最后两次回调的幅度都是 13 美元，所以，交易者在跟进上涨的同时会在这个最高点的下方 13 美元的位置设置好止损。这样的话，就可以在 285 美元的时候及时抛售股票。1929 年 11 月，该股跌到了 200 美元，从顶部开始计算，跌了 98 美元，这是个买入点，因为该股跌了近 100 美元，而且在 1929 年 3 月的最低点上面 2 美元的位置止跌。假如投资者在 200 美元附近买入了该股，就要在下面 5 美元的位置设置好止损。1930 年 3 月，该股涨到了 242 美元，而且在写这本书的时候，止损要设置在 1930 年 2 月的最低点下面的 227 美元。说 1929 年 11 月的 200 美元是个买点，原因就是 1929 年 1 月～5 月这 5 个月的时间中，该股一直在 196 美元附近形成底部。大家之前在 196 美元买入该股就可以表示，这里有个力量非常大的支撑；在它又停在 200 美元的时候就可以发现，有人愿意在比 200 美元高一些的位置去买入所有被抛售的股票，所以，这个位置是一个至少可以期待反弹的位置。

美国电话电报公司（American Telephone & Telegraph Co）——该股在 1920 年的时候被证明是非常好的投资，在那之后该股就给了投资者非常多的收益和分红。该股上涨的幅度非常大，出现的回调幅度却非常小。这样的老的或者成熟的股票回调幅度小，就是因为这些股票被那些投资者持有着，而他们也不会像专业人士那样，在反弹的时候抛售，也不会因为恐慌而在下跌的过程中抛售，专业人士只去交易那些炒作的流行股。买入这样的绩优的、有分红的老的或者成熟的股票时，一定要在低价的时候买入，而不能在接近顶部的时候。

美国电话电报公司是一家历史悠久的公司，所以观察它以前的最高点和最低点是非常关键的。（图 10）1902 年，最高点为 186 美元。1907 年大恐慌的时候，最低点为 88 美元。1911 年出现了另一个最高点 153 美元。1913 年出现下一个最低点 110 美元。1916 年最高点是 134 美元。1918 年最低点是 91 美元。到现在，有一个非常好的买点，就是由于 1907 年的恐慌，该股跌到了 88 美元。所以要在这个位置买入，在 85 美元即之前的最低点下方 3 美元的位置设置好止损。

研究其顶部也是非常关键的：1918年2月，最高点为108美元；8月，最低点为91美元；10月，最高点为108美元；12月，最低点为98美元。1919年3月，最高点为108美元；4月，最低点为101美元；6月最高点为108美元；12月，最低点为95美元。1920年3月，最高点为100美元；7月，最低点为92美元；9月，最高点为100美元；12月，最低点为95美元。可以发现，1919年和1920年的最低点都比1918年8月的最低点要高，这就表示了这个位置得到了很强的支撑，所以是个好买点。在108美元附近形成了4个顶部，但在1921年5月，这只股票又一次涨到108美元，而在1921年7月的时候，仅回调到102美元，又形成一个上移的底部，表示出了强劲的支撑。这时，假如我们买入该股在底部附近的价格，而且想要进行加仓，就要在这只股票向上突破108美元这个顶部之后的110美元的时候再进行加仓。这只股票每一年都会创出新高，一直在形成依次上移的顶部和底部，这就表示其大趋势是上涨。1928年5月，该股涨到了210美元。1928年7月，该股回调到172美元。因为该股并没大幅地跌破1927年11月的最低点，所以原趋势并没有改变。

假如投资者一直关注着该股，或者交易者一直在寻找机会打算在1924年12月买入该股票，那么就会在132美元的时候加仓了，原因就是现在这只股票已经涨过了1922年~1924年的顶部了。这只股票最后的快速上涨发生在1929年5月~9月，上涨105美元，从205美元涨到了310美元。在这最后快速上涨的时候，投资者要抛售该股，尤其是最后的上涨幅度已经到了105美元，但投资者或者交易者无法得知什么时候才形成最终的顶部，所以就要回顾一下之前的回调幅度，以此来设置好止损。上回的回调幅度为33美元，就是在1929年4月~5月，从238美元回调到205美元。这样的话，投资者就能够通过止损在277美元及时出场，假如买入时的价格是

100 美元附近，就算在最后失去 33 美元的利润，就不需要担心什么。

1929 年 11 月，该股跌到了 198 美元，这个位置是个买点，因为该股从顶部跌了 110 美元左右，而在价格跌到或者涨到 200 美元这整数位附近都是会得到支撑或者受到阻力的。假如投资者在这个位置买入该股，就需要观察下回调的幅度，用来设置好止损。1929 年 12 月，该股涨到了 235 美元。1930 年 1 月，该股回调到了 215 美元，下跌 20 美元。1930 年 4 月，该股涨到了 274 美元。所以，投资者要在 20 美元以下的位置或者可以得到准确转势信号的位置设置好止损，一直跟进好该股。结合了该股已经有或最终的快速上涨，投资者就别再期望着该股可以再涨到 310 美元了，最少是在多年内别这样期望了。

人民煤气（Peoples' Gas）——（图 11）投资者分析研究该股 1895年 ~ 1930 年的年线最高点和最低点是十分关键的。1899 年的最高点为 130 美元。1907 年的最低点为 70 美元。1913 年，该股又上涨到了 1899 年的最高点 130 美元。要留意一下，1909年 ~ 1917 年的最低点在 100 美元 ~ 106 美元附近，这就表示在这些年里，100 美元附近有着非常好的支撑。该股的上升趋势持续了好多年，投资者对其信心也非常大。1918 年在该股跌破 100 美元的时候，就表示这里面一定出现了问题。投资者就要将该股抛售，交易者就要做空。1920 年，该股跌到了 27 美元。然后出现了巨大的收集，所以大趋势又反转向上了。1926 年，该股突破了 1899 年和 1913 年的最高点 130 美元，突破了这个位置就表示该股将要大幅度上涨，投资者和交易者都要进行加仓。之后就开始了大幅度的上涨，在 1929 年的时候，该股涨到了 404 美元，然后该股进行分红。

美国钢铁公司——在很多的时候，我都以美国钢铁公司为例，不是我的理论不适用于其他的股票，而是因为该股是普通交易者最

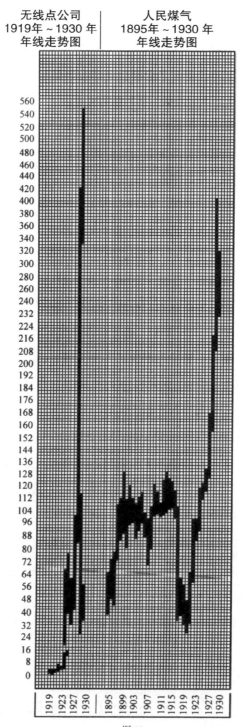

图 11

熟悉的股票，他们更加了解该股的走势。（图3）可以观察到该股从
1901年3月28日开始上市进行交易，到1930年4月7日的主要运
动和次要运动。1901年3月，该股从42.75美元开始上涨，在4月
的时候涨到了55美元。该股是一只成交量为500万的新股，它肯定
是要在长时间后才可以派发完毕。

　　这只股票第一次下跌始于1901年5月9日的恐慌，那时候该股
跌到了24美元。7月的时候该股反弹到了48美元，之后又跌到了
37美元。在1902年1月的时候，该股涨到46美元。因为该股没有
成功突破上面一个最高点48美元，所以这就成为一个好的卖点，投
资者或者交易者就要抛售并且做空。1902年12月，该股跌到了30
美元。1903年3月该股涨到了39美元，也是形成了比前面顶部要低
的顶部。1904年5月，该股跌到了8.375美元的历史最低点。在这
个位置附近进行了8个月~10个月的收集。投资者要在这个位置附
近买入该股，或者在该股突破13美元的时候买入，就是因为这个位
置在1903年11月~1904年8月形成的阻力位的上面。1905年4月，
该股涨到了最高点38美元。因为没有突破1903年的最高点，所以
这里就会展开回调。1905年5月，该股跌到了25美元，在这个位置
该股得到了较强的支撑，这就表示这是个买点。1906年2月，该股
涨到了50美元，只比1901年7月的最高点多2美元。1906年7月，
该股回调到了33美元。1907年1月，该股涨到了50美元。因为该
股没能突破1906年的最高点，这就表示要将该股抛售并且做空它，
特别是因为这只股票还在1901年4月的最高点之下运行。

　　1907年3月发生了恐慌，该股跌到32美元。1907年7月，该
股涨到了39美元，又形成了下移的底。1907年10月发生了恐慌，
该股跌到了22美元。这个位置是个好买点，因为这个位置稍微比
1905年的最低点低一点。之后就开始了一次快速上涨，而且出现回

调的幅度也小。1908 年 11 月，该股涨到了 58.75 美元。这是它的历史最高点，这个位置突破了 1906 年和 1907 年的最高点和 1901 年 4 月的最高点，这就表示了该股正要大幅度上涨。所以，每回出现回调的时候，都要进行买入。1909 年 2 月，该股跌到了 41.125 美元。经过研究和分析周线走势图可以看到，这是个底部，在此要进行买入。之后又发生了大幅度上涨，这段时间发生的回调都没超过 5 个点，在 1909 年 10 月，一直涨到了 94.875 美元，这个位置的成交量是在那时历史上最大的一次，而且周线走势图表示正在形成顶部。假如投资者或交易者在 1909 年 2 月形成的最低点附近或者之前随便一个最低点买入该股，之后在 1909 年 2 月回调后，假如他在上涨的时候，一直通过在最高点下 5 美元~7 美元的位置设置止损来跟进上涨，那么这个止损一直都不会被执行。那些等回调之后再买入的交易者，发现第一次回调的幅度为 5 美元，之后就会在每次回调 5 美元的时候进行买入，然后就在下面 3 美元的位置设置止损，这样的话他的止损也一直不会执行。通过这样的方法进行加仓的话就可以得到巨大的收益。

从该股在 1909 年 10 月形成的顶部开始，一直下跌到 1910 年 2 月，为 75 美元。3 月反弹到了 89 美元。7 月跌到了 62 美元。11 月涨到了 81 美元。12 月跌到了 70 美元。1911 年 2 月反弹到了 82 美元。我们发现了该股一直在形成依次下移的顶部和底部。该股在 81 美元~82 美元附近形成了 3 个顶部，这就表示这里是个做空点，要在上面 3 美元的价格设置好止损单。1911 年 4 月，该股跌到了 73 美元，1911 年 5 月，又涨到了 81 美元，没能突破 1909 年 11 月和 1911 年 2 月的最高点。一次急速下跌开始，1911 年 11 月，在美国政府要求美国钢铁公司关门的时候，该股跌到了 50 美元。这个位置是个买点，原因就是 1901 年、1906 年和 1907 年这三年，该股都在 50 美元的位

置形成顶部。所以，在该股跌到了和前面顶部的支撑位时，这里就
可以买入了。1911 年 12 月，该股从之前的买点涨到了 70 美元，这
个位置的抛压非常大，之后开始回调。在 1912 年 2 月的时候该股跌
到了 59 美元，形成的底部比前面的要高，这就表示在这里可以买入
期待着反弹的出现。1912 年 4 月，该股涨到了 73 美元，5 月跌到了
65 美元，又形成了稍高点的底部并得到了支撑，表示该股会在此反
弹。1912 年 10 月，该股涨到了 80 美元，又没能突破那个卖点。在
这个位置，要将股票抛售并做空。1913 年 6 月，该股跌到了 50 美元，
又到了和 1911 年 11 月一样的位置，这个位置是个买点，别忘了要
在 1909 年 2 月的底部下面 3 美元的位置设置好止损，原因是那里是
大幅度上涨的开始。1915 年的恢复是非常快的，而且该股也表现出
了有非常大的买方力量。在该股突破了 63 美元～66 美元的位置的时
候，表示该股很强势，也表示价格要继续上涨，投资者和交易者就
要继续买入了。

　　1915 年 12 月，该股突破了 80 美元～82 美元的阻力位，涨到了
89 美元，表示该股还会大幅度上涨。1916 年 1 月，该股跌到了 80 美元，
在这个和以前顶部一样的位置上得到了支撑。1916 年 3 月，该股涨
到了 87 美元。因为该股没有突破 89 美元，就表示将要出现回调了。
1916 年 4 月，该股又跌到了 80 美元。这又是个非常安全的买点，止
损要放在 77 美元的位置。之后该股开始上涨，突破了 89 美元，又
突破了历史最高点 94.875 美元，这表示还会继续大幅度上涨。1916
年 11 月，该股涨到了 129 美元。在 1916 年 12 月发生恐慌的时候，
该股跌到了 101 美元。1917 年 1 月，该股反弹到了 115 美元。1917
年 2 月跌到了 99 美元，这个位置是个买点，也要在 98 美元设置好
止损或者在 1916 年最低点的下面 3 美元的位置设置好止损。只要该
股可以在以前 95 美元的顶部上面站稳，就表示该股还是强势，会大

幅度上涨。

1917 年 5 月，该股涨到了 136 美元。在这个位置发生了几笔历史上最大的成交量，与此同时周线、月线走势图和 3 点波动图都表示该股正在形成顶部。1917 年 12 月，该股又跌到了 80 美元，之前的支撑位，也是一个做反弹的买点，止损位设置在 77 美元，用来保护资金。1918 年 2 月，该股涨到了 98 美元。1918 年 3 月，该股跌到了 87 美元。因为并没有跌到以前最低点附近，所以趋势还是看涨。1918 年 5 月，该股涨到了 113 美元。但这没能突破 1917 年 1 月的最高点。1918 年 6 月，该股跌到了 97 美元。1918 年 8 月，该股又涨到了 116 美元，这个位置刚好比 1918 年 5 月形成的顶部高 3 美元，而且又有很多抛压出现。周线走势图表示了该股正在形成顶部，现在就要做空该股。1919 年 2 月，该股跌到了 89 美元的位置，形成一个比 1918 年 3 月高 2 美元的底部，这表示这个位置是个买点。1919 年 7 月，该股涨到了 115 美元，这个位置没有突破 1918 年 8 月的最高点，表示这里要抛售该股并且做空。

1919 年 8 月，该股出现了急速下跌，跌到了 99 美元，10 月的时候又涨到了 112 美元，这个顶部比 7 月的顶部要低，所以又是个做空的信号，表示着该股要继续下跌。1919 年 12 月，该股跌到了 101 美元，形成的底部比上个底部高 2 美元，这表示反弹。1920 年 1 月，该股涨到了 109 美元，形成的顶部比 1919 年 10 月的顶部要低。要留意一下，从 1917 年 5 月开始，一切的顶部都慢慢在下降，这种情况和 1911 年、1912 年一样，这表示要做空了。1920 年 2 月，该股跌到了 93 美元，跌破了前面的支撑位，表示着该股会再下跌。1920 年 4 月，该股涨到了 107 美元，又形成下移的顶部，表示要做空该股。1920 年 12 月，该股跌到了 77 美元，跌破了前面在 1915 年和 1917 年形成在 80 美元的支撑位，表示了该股会继续下跌。1921 年 5

月，该股涨到了 86 美元。6 月跌到了 70.5 美元。该股在这个位置得到了较强的支撑，而且日线和周线走势图也表示该股正在形成底部，这个时候可以为后面的上涨而买入股票。然后就开始上涨了，该股不停地形成依次上移的顶部和底部，而且每次回调完都会恢复上涨，一直到 1923 年 10 月，该股涨到了 111 美元。因为没有突破 1919 年 10 月形成的顶部，这至少可以说要开始回调了；在该股突破 1918 年 5 月形成的所有阻力位，突破 109 美元~116 美元位以前，都表示该股还会下跌的。

　　1922 年 11 月，该股跌到了 100 美元。1923 年 3 月，该股涨到了 109 美元。又没形成高过 1922 年 10 月形成的顶部，表示了该股还会下跌。1923 年 7 月，该股跌到了 86 美元。8 月反弹到了 94 美元。10 月又跌到了 86 美元。几个月的时间内都在这个价格形成底部，表示着这里有着极强的支撑，这时就要买入做多，止损要放在 83 美元。1924 年 2 月，该股涨到了 109 美元，这个顶部和 1922 年 3 月的顶部在一个位置。5 月该股跌到了 95 美元，形成了略高一点的底部，表示支撑较强。之后开始上涨，涨过了 1918 年~1922 年里所有的顶部，这就表示该股要大幅度上涨，在它突破 112 美元的时候，投资者和交易者就要进行加仓。1925 年 1 月，该股涨到了 129 美元，这个位置和 1916 年 11 月形成的顶部一样高。1925 年 3 月，该股跌到了 113 美元。这是个买点，原因就是这个位置接近以前的阻力位。1925 年 11 月，该股创出 139 美元的新高，但比 1917 年的最高点高出 3 美元，所以之后还会继续上涨。1925 年 12 月，该股跌到了 129 美元。1926 年 1 月，该股跌到了 138 美元。因为没能涨过 1925 年 11 月的最高点，交易者就要抛售并且做空了，止损就要放在 142 美元的位置。

　　1926 年 4 月，该股跌到了 117 美元，在比 1925 年 3 月最低点高

的位置得到了支撑，表示该股会继续上涨。而周线走势图也表示出
该股得到了很好的支撑。之后就开始上涨，而且还突破了全部的最
高点，在1926年8月的时候，该股涨到了159美元。1926年10月
的时候，该股跌到了134美元，恰好在比1925年和1926年初的顶
低一点的位置被支撑住。之后就开始大幅度上涨，1927年5月，复
权前的老股票涨到了176美元，这个时候除权40%，主趋势还是看
多。1926年12月，新股在117美元开始进行交易。1927年1月，
该股跌到了111.25美元。没跌过前面1925年3月的最低点113美元
下3美元，所以表示了该股在此位置得到支撑，这个位置就是个买
点，别忘了在110美元的位置设置好止损。在这只股票在最低点附
近运行非常慢的时候，就表示了有人看好该股，并正在进行大量的
收集，也表示了该股要再次上涨。1927年5月，该股涨到了126美元。
6月，该股跌到了119美元，这个位置有着强力的支撑，之后开始反
弹。在该股突破126美元的时候，就可以加仓了，原因就是这表示
该股要继续上涨，也会一直形成依次上移的顶部和底部。1927年9月，
该股涨到了160美元。1927年10月，该股跌到了129美元。因为并
没有跌到以前顶部的126美元，这就表示在这个位置出现了较好的
支撑，所以这个位置就是个买点。这个时候的成交量很大，而且下
跌非常快，所以交易者要进行空头回补并做多。

　　1927年12月，该股反弹到了155美元。但还是没能涨到以前的
顶部，这表示着还会出现一次回调。1928年2月，该股跌到了138
美元。4月，该股涨到了154美元。因为没有突破1927年12月形成
的顶部，就表示要做空该股了。1928年6月，该股跌到了132美元，
这没有跌到1927年10月形成的底部，就表示这是个买点，也别忘
记要在以前底部的下面设置止损。之后该股重拾涨势。1928年11月，
该股涨到了最高点172美元。虽然这个位置是新股的历史最高点，

比 1927 年 9 月形成的 160 美元的顶部要高，但这还是要比 1927 年 5 月老股票形成的 176 美元的最高点要低。1928 年 12 月，该股跌到了 149.75 美元，这个位置出现了较强的支撑，同时该股的趋势恢复上涨，而且涨过了 176 美元的最高点，这就表示该股还会上涨。1929 年 1 月，该股涨到了 193 美元。2 月跌到了 169 美元。3 月又涨到了 193 美元。因为该股未能涨过以前的顶部，所以就要抛售并且做空。肯定的，在该股从 194 美元涨到 200 美元的过程里，该股一定会有着非常多的抛售，原因就是抛压总会在这样的整数位产生。假设要在这个位置出场的人没能出场。1929 年 3 月，该股回调到了 172 美元。4 月又涨到了 192 美元。因为该股第三次没能突破 1929 年 1 月的最高点，就表示该股要下跌了，要去做空它了，要在 196 美元放好止损。1929 年 5 月，该股跌到了 162.5 美元的位置。虽然该股跌破了 1929 年 2 月和 3 月的最低点，但该股并没回调到 1928 年 12 月的起涨点附近。在这个位置有被支撑住，而且周线图中也表示出了主趋势是看多的。从这个支撑位开始，展开最后的上涨。该股在极大的成交量的带动下上涨，突破了 192 美元和 193 美元的最高点，这就表示该股要大幅度上涨。

我们已经在前面的"怎样对一只股票进行结算"讲到过这次的上涨。该股在 1929 年 9 月 3 日涨到了 261.75 美元，完成了近 100 美元的快速上涨，而且其间没有过连续 3 天下跌的情况。要留意一下，这个时间刚好是该股第 29 周年。我在前面说过，当一只股票被全部派发出去，投资者买入了这些股票之后，会出现快速大涨，在股票缺少的时候，想让价格上涨就会很简单了。所以，在快速上涨出现的时候，投资者就要将其抛售了。假如投资者一直通过 10 美元移动止损的方法对其进行跟进，那么止损一直都不会被执行，直到该股从 261.75 美元跌到 251.75 美元的时候，止损才会被执行，这个时候投资者就要转而做空了。1929 年 10 月，该股跌到了 205 美元，当月又涨到了 234 美元。11 月该股跌到了 150 美元，跌到了和 1928 年 12 月的底部一样的位置，这就是个买点，止损要放在 147 美元。1929 年 12 月，该股涨到了 189 美元，当月又跌到了 157 美元，形成了高一点的底部，这又是买点。1930 年 2 月，该股涨到了 189 美元，这个位置和 1929 年 12 月形成的顶部的位置相同。这个时候要转去做空了。2 月的时候，该股跌到了 177 美元，又形成了上移的底部，之后又开始了上涨。该股涨过了 1929 年 12 月和 1930 年 2 月的顶部 189 美元，这表示着该股要继续上涨。1930 年 4 月，该股涨到了 198.75 美元，之后开是回调。不容置疑，在 200 美元附近一定会有巨大的抛压，同时在这之前报纸报道过该股要涨到 200 美元。所以，交易者就会在 200 美元这个整数位去抛售，但一定是没抛售成功。该股应该是在回调到 189 美元的时候得到支撑，但该股却跌破了 1930 年 2 月形成的 177 美元的最低点，这又表示出该股要下跌了。但交易者和投资者要先去关注这只股票，直到周线和月线走势图有了明显的派发迹象，还表示该股要遇阻回落。

任何一个交易者和投资者都要准备一张走势图，图中表示了自己进行交易的股票的走势，而且时间尽量长。这样就可以发现这只股票是正形成依次上移的底部和顶部还是依次下降的底部和顶部，这样就可以研判该股的趋势了。要牢记，在一只股票发生最终的快速上涨之后，是要运行很长的时间才可以再到达这个位置的，这就像美国熔炼和其他股票那样，这些股票都在 1906 年的时候达到了最高点，形成了顶，到了 1926年～1929 年才创出新的历史最高点。于是，在投资者交易的时候，就一定要防止在股票展开最终的快速上涨后，还持有该股，就是因为该股非常可能在之后长期下跌。

如何交易那些和市场整体趋势相反的老股票

在老的或者成熟的股票的趋势和市场整体趋势相反的时候，表示这只股票一定是有什么特殊原因的，投资者和交易者要把这样的股票抛售出去，不可以再持有它。比如：

美国毛纺（American Woolen）——该股具有投资价值很多年了，是一只老股，这家公司在战争时发了战争财。1914 年，该股最低点 12 美元。1919 年 12 月，该股涨到了 169 美元，在这个时候有了巨大的派发，所以趋势反转向下运行。1920 年，该股跌到了 114 美元。4 月反弹到了 143 美元。5 月跌破 114 美元，这就表示该股还会继续下跌。12 月，该股跌到 56 美元。1921 年这一年，该股都在这个价格附近运行，这就表示该股在这个价格附近得到了强力的支撑，表示该股要大幅度上涨了，事实证明的确是这样的。该股形成底部的时间早于其他股票，这就表示该股是龙头股，之后到 1923 年 3 月的时候涨到了 110 美元。我们发现，该股没能涨到 1920 年 5 月的最高点 116 美元。所以这里就成为卖点，投资者和交易者都要在这个位置卖出该股。从这个时候开始，该股就一直下跌了，中间也没出现过有力量的反弹，这就说明该公司有些问题。但该公司之前几年的盈利能力就不好，所以这就可以知道该公司在管理方面有问题，而且战后的库存巨大，所以造成了亏损，股价也会随着盈利的降低而被影响到。

1924 年，该股跌破了 1920 年的最低点 56 美元，这表示该股还要继续下跌。1924 年秋季，在别的股票都上涨的时候，该股没发生反弹，而是继续下跌，和市场整体的趋势相反，在 1927 年的时候跌到了 17 美元。9 月的时候反弹到了 28 美元。1928 年 6 月，该股又跌到 14 美元。11 月，该股涨到 32 美元，然后就一直下跌了，在 1929 年 10 月的时候跌到了最低点 6 美元。这家公司在好多年的时间里一直是亏损的，现在应该就是公司状况最差的时候了，也许该股在未来会上涨。1930 年 2 月，该股反弹到 20 美元。3 月跌到了 13 美元。这次回调就可以买入，更好的买入点是等着该股突破 20 美元同时能够预测到该股会发生有力度的反弹后。但该股现在的盈利能力，没有表示该股在未来可以展开一次大牛市。

我们需要去分析和研究股票在 10 年里是怎么运行的，再去看 20 年~30 年和 40 年~50 年。这是非常关键的。

投资的安全

在华尔街，出现亏损的原因一般都是由于期望着可以获得更大的盈利去冒着不值得的危险。将资金放进银行，是最安全的投资方法了。这样可以得到 4%~4.5% 的利润。第二种安全投资就是投资那些优秀的债券和优先抵押权，这些能够获得 6% 左右的利润。而我们不进行这两种投资，去投资收益在 6% 之上的股票或者债券的时候，我们就不安全了，超过了风险的界线。在合适的时机去投资那些分红略低的绩优股，也比投资高回报的债券强。假如一只债券必须要在 6% 之上的利率才可以售出，就表示着该债券是有问题的。我们一般可以去投资一只 4% 分红的潜力股，而这只股票或许在以后会给你 8%~10% 的分红，这时我们的投资就可以得到大量的利润了，因为其股价也会随着上涨。但债券却很少出现幅度较大的上涨，还常常会跌到买入时的价格之下，使我们的资金受到损失。在情况不好的时候，连最优秀的债券也会下跌。在爆发战争的时候，英国公债（British Consols）和美国债券都发生大幅度的下跌。这就表示我们要去制作一张关于一只债券或一系列债券的走势图，以此来分析其趋势的变化，就和我们去看股票趋势变化一样。在债券要下跌的时候，我们就一定要卖出它，再去买更优秀、更安全的债券，或者等下个好机会。

　　经过分析研究债券市场和债券价格的运行，就可以知道股市的趋势和经济状况的趋势。1928年债券价格就告诉我们股价要下跌和经济要出现萧条。

第 7 章

怎样选择早期和晚期的龙头股

江恩 华 / 尔 / 街 / 选 / 股 / 智 / 慧

在每回牛市里，都会有一些股票在牛市第一阶段成为龙头股，其中的一部分股票会在牛市初期形成最终的高点，之后就不再涨了，然后就开始下跌，而其他的股票还会继续上涨。在牛市行情的第二阶段中，又会出现新的龙头股，形成最高点之后，在第三阶段又会出现新的龙头股。在第四阶段，也就是最后一个阶段，后期的龙头股会开始展开大幅度的上涨行情。

每个板块里，都会分为强势股和弱势股，所以就会出现和整体趋势相反的情况。所以，一定要分辨出什么股票是强势，会成为龙头股；什么股票是弱势，会一直下跌，成为领跌股。1921年~1929年牛市行情里，只有较少的几只股票非常活跃，而且每年都是龙头股。有的股票在1922年的时候就形成最高点，不再上涨了，还有些股票在1923年、1925年、1926年和1927年形成顶部，但大多数的股票是在1928年才形成了顶部。1928年11月，纽约证券交易所交易的全部股票几乎都在这次的行情里形成顶部。而道·琼斯30种工业股平均价格指数在1929年9月3日的时候才形成历史最高点，还有很多晚期龙头股是在1929年春夏季才开始大幅度上涨。进行交易的时机，是要在股票形成顶部或者底部的时候，所以，想要知道股票是强势还是弱势，就需要去分析研究好板块中每只股票，这是非常重要的。

化工板块

我在1923年1月写《股价的秘密》这本书的时候就说过，化工板块和航空板块的股票要成为下次牛市的龙头。所以，一定要分析该板块里的每只股票，以便知道我们需要在牛市的哪个阶段去买入哪只化工股，这非常重要。

美国农业化工（American Agricultural Chemical）——该股在1919年4月~7月涨到了极高点，然后开始派发。然后一直下跌到了1921年8月，跌到了27美元，形成最低点。然后开始反弹，在1922年8月形成最高点42美元。1923年4月，该股又跌到了1921年的最低点27美元。这并没有表示这只股票已经变得强势，假如该股要上涨的话，就会形成上移的底部，还有就是1922年该股反弹的幅度比其他股票要小很多。这只股票的趋势继续下降，1924年的时候非常弱势，6月跌到了最低点7美元，这个位置是从1907年的最低点10美元之后的新低，这就表示该股十分弱了，该股不是我们要找的那种可以大幅度上涨的化工股。1926年1月，该股涨到了34美元的最高点。虽然这个位置比1923年的最高点要高，但也没有涨过1922年即牛市第一年形成的最高点。该股的趋势又反转向下运行，1927年4月，该股跌到了8美元，这个位置只比1922年6月的最低点高1美元。在这个位置买入可以等待该股的反弹，也要在6美元的位置设置好止损。买入这样的低价股的时候，要在前一个最低点下面1美元的位置设置止损。之后该股缓慢地反弹，在1928年11月的时候，该股涨到了26美元的最高点。要留意一下，这个顶部比

1926 年的顶部要低，表示了该股的每次反弹的顶部都要比上一次低，说明该股的大趋势是下降的。在这个顶部之后，该股非常弱势，不断下跌，最后在 1929 年 11 月跌到了最低点 4 美元，这是该股 20 年内的最低点。我的一条交易规则是，一只股票只有在突破了第一年牛市的最高点之后，它才有可能成为牛市下一阶段的龙头股。而该股从来没有突破 1922 年的最高点，这就表示该股不会成为龙头股。所以，我们不要去买入该股，而是要去找别的出现强势状态的该板块的股票。

戴维森化工（Davison Chemical）——1921 年 3 月，该股的最低点为 23 美元，这就表示该股在这个位置得到有力的支撑并展开上涨。1922 年 4 月，该股涨到了 65 美元，在这个位置有了很大的抛压，然后该股的趋势转为下降。1923 年 5 月，该股的最低点为 21 美元。这是个买点，或者说我们要在 22 美元~23 美元的位置进行买入，也要在 20 美元的位置，就是 1921 年最低点下面 3 美元的位置设置止损。1923 年 5 月下跌以前，该股在 3 月的时候反弹到了 37 美元。1923 年 8 月，该股突破了年初的最高点 37 美元，所以趋势从下降转为上升，也表示了该股还会上涨。假如我们在最低点附近买入了该股，那么当该股突破 38 美元的时候，就要加仓，并通过设置止损的方法一直跟进。

1923 年下半年，因大财团拉升该股，所以出现了快速上涨，然后交易者就都买入该股，该股一直上涨。那时很多家报刊都在评论该股，说它能到几百美元。还有些极端评论说该股也许要涨到 1000 美元，因为该公司的硅胶生意有巨大的收益。1923 年 12 月，该股为 81 美元。该股成交量非常大，而且涨幅也非常大，顶部是个尖顶，之后就出现了急速下跌，1924 年 4 月的时候，该股跌到了 41 美元。从这个位置开始，该股涨到了 1924 年 7 月的 61 美元。这是又一次

华尔街上为股市焦急涌动的人群

快速上涨，之后开始了快速下跌。该股在 1924 年 7 月到了更低的最高点，这个位置比 1923 年的顶部要低，在跌破 1924 年 4 月的最低点 41 美元之后，就表示出了弱势，也表示该股要继续下跌。1925 年 4 月，该股跌到了 28 美元的最低点，这个位置比 1921 年的最低点高 5 美元，比 1923 年的最低点高 7 美元。它在高一点的位置得到了支撑，就表示该股要出现反弹。1925 年 8 月，这只股票反弹到 46 美元，之后就是回调，然后在 1926 年 2 月的时候又涨到了 46 美元的位置。假如该股没能涨过这个最高点，就表示该股要下跌，我们要抛售它，同时还要做空止损就要放在 49 美元。之后该股开始下跌，在 1927 年 3 月的时候，该股跌到了 27 美元，这个位置比 1925 年的最低点低 1 美元，这个位置又是个买点，要在 25 美元，就是 1925 年最低点下面 3 美元的位置设置止损。这只股票在这个位置得到强力的支撑，在 1927 年 7 月反弹到 43 美元。没有突破 1925 年和 1926 年的顶部，这就表示了该股非常弱势，就会再次下跌，也表示了该股不会成为龙头股了。1926 年 10 月，该股跌到了 23 美元，跌破了所有的最低点，除了 1921 年和 1923 年的。在这个位置，该股得到了强力支撑，我们可以在这个位置买入它了，止损位置放在 20 美元。这次该股止跌于 1921 年和 1923 年的最低点 2 美元上，说明有人在这个位置附近买入。

之后这只股票在狭窄的区域内横向整理了 6 个月，之后大趋势就看多了。1927 年 12 月，该股涨到了 48 美元，突破了 1925 年～1927 年的最高点，这表示这只股票还要上涨，也表示我们要在下次回调的时候再买入这只股票。1928 年 2 月，该股跌到了 35 美元，在这个位置得到了支撑。然后在 1928 年 4 月的时候突破了 48 美元。这个位置又是个要加仓的位置。之后这只股票继续上涨，在 1928 年 11 月的时候，该股涨到了 68 美元，突破了除了 1923 年 12 月的极高点之外的全部最高点。1928 年 12 月，该股回调到了 54 美元。1929 年 1 月，该股涨到了 69 美元，只比前一个顶高 1 美元。这个迹象就不利了，说明要进行抛售和做空了。之后，该股在狭窄的区域运行了一段时间，在 2 月和 3 月的时候，涨到了最高点。在 3 月下旬的时候，该股跌到了 49 美元。该股先是形成了一个双顶，然后又从顶部下跌了 20 美元，这个表现就非常不利了。

1929 年 4 月，该股反弹到了 59 美元，又走出了比前面顶部要低的顶部。5 月，该股跌到了 43 美元，走出了更低的底，这就表示该股趋势向下。1929 年 7 月，该股反弹到 56 美元，又是一个更低的顶部。8 月跌到了 46 美元，这是个高一点的底部。10 月初，该股反弹到 56 美元，形成了和前面一样高的顶部，表示要做空这只股票。之后开始暴跌，10 月末，该股又跌到了 1923 年的最低点 21 美元。该股在 1921 年、1923 年和 1926 年的时候都在这个位置附近被支撑住，表示我们要进行买入，要设置止损在 20 美元的位置，之后这个止损一直没有被执行。这恰恰验证了我的交易规则，就是在首个极低点的位置下面 3 美元设置止损。比如：1921 年 3 月，极低点是 23 美元，那么在近几年内买入该股的话，都要设置止损在 20 美元的位置。可能大家会问，怎么这只股票每次都被支撑在这个位置。就是因为一些大财团或者内部人士都知道该股的价值就是 20 美元。所以，在每次该股跌到了 21 美元 ~ 25 美元的时候，这些人都会去买入该股，等到后面他们觉得该股涨得足够高的时候再去抛售。1930 年 3 月，该股从 21 美元这个 1929 年的最低点涨到了 42 美元。假如该股可以一直好多年都在这个位置的话，同时下次的下跌不会跌到 1929 年的最低点，那么该股就可能会在今后成为龙头股。

我们能够发现，该股是 1921 年 ~ 1929 年牛市里的一只早期龙头股。在 1923 年 12 月的时候，该股形成最高点，而在后面 6 年的时间内，就再也没涨过这个位置了，而其他的强势化工股在之后的几年中一直创出新高。

空气压缩公司（Air Reduction）——1920 年，该股跌到了最低点 30 美元。1921 年 6 月，该股又跌到了这个最低点，形成了双底，这表示该股要大幅度上涨。1923 年 3 月，该股涨到了 72 美元，表示这只股票是只早期龙头股。1923 年 6 月，该股跌到了 56 美元，1924 年 1 月，该股创出新的最高点，为 81 美元，1925 年 2 月，又创出新的最高点，为 112 美元。1926年 ~ 1928 年该股形成依次上移的顶部和底部，都表示他龙头股的地位，原因就是在该股形成依次上移的顶部和底部的时候，其他的同板块股票，比如美国农业化工和戴维森化工等形成的最高点却是不断降低的。1929 年牛市的最后阶段，该股开始展开快速运动，是只后期龙头股。1929 年 10 月，该股形成了最终的最高点 223 美元。它形成了尖顶，同时在顶部的时候，该股异常活跃，波动很大，成交量也非常之大。1929 年 11 月的时候，该股跌到了 77 美元。假如我们在 1929 年 8 月的时候，一直在寻找该股的顶部迹象，那么这些信息就告诉我们它要见顶部了。1929 年 8 月，该股的最高点为 217 美元。9 月该股的最高点为 219 美元，只比前一个最高点高 2 美元。之后开始了急速下跌，10 月最后快速上涨的时候，该股涨到了 223 美元，只比 8 月的最高点多 6 美元，高于 9 月的最高点 4 美元。在这只股票形成最后的顶部之后，差不多别的股票的大趋势都已经看空了。所以，在别的股票都在开始这么猛烈的下跌的时候，我们可以很容易就知道这只股票也要暴跌。1929 年 8 月 24 日~11 月 16 日，周线图上表示了该股已经形成顶部，并开始大量地派发。1929 年 10 月 5 日的那个星期，该股从最高点的 219 美元跌到了 186 美元。之后在 10 月 19 日那个星期，涨到了 223 美元。在之后的这个星期，该股跌破了 10 月 5 日那周的最低点 186 美元。所以该股趋势看空了。假如我们前面就卖空了该股，那么在其跌破 186 美元的时候就要进行加仓，这样不到几周后，我们就能得到每股 100 美元或者更多的利润了。虽然该股是这次牛市行情的龙头股，而且在最后的阶段快速上涨。但该股在恐慌性下跌的时候，跌幅也和其他的股票一样，或者更多。

联合化工（Allied Chemical）——这只股票是该板块中最棒的龙头股之一，也是最应该买的股票之一，该股一直处于上升趋势中。1921 年 8 月，该股的最低点是 34 美元。1922 年 9 月，该股涨到了 91 美元。1923 年 8 月，该股跌到了 60 美元。之后开始了很多个月时间的收集。1925 年 3 月，该股涨到了最高点 93 美元。涨到了 1922 年最高点的上面，说明只要该股发生回调，我们就要买入，因为之后该股会涨得很高。1926 年~1929 年的时候该股形成了依次上移的顶部和底部，最后在 1929 年 8 月的时候，该股创出了历史极高点，为 255 美元。周线走势图在 235 美元的地方表示该股的趋势看空。1929 年 11 月 13 日，该股跌到了 197 美元。这只股票的跌幅要比空气压缩公司和其他该板块的股票小很多，这就表示了该股的强势，只要趋势反转，该股就会走出幅度很大的反弹。1930 年 3 月，该股得到了强力支撑，反弹到了 192 美元。通过前面的分析，可以知道在美国农业化工和戴维森化工都比较弱的时候，空气压缩公司和联合化工非常强势。

杜邦公司（Dupont）——1922 年和 1923 年，该股形成了最低点。之后在 1924 年的时候，该股形成高一点的底，一直到 1929 年 9 月，该股不断上涨，在 1929 年 9 月的时候，该股涨到了 231 美元。这只股票是该板块中的一只后期龙头股。1929 年 11 月，该股跌到了 80 美元。要留意一下，该股的跌幅比联合化工高多了。就是因为该股进行了拆股和分红。而联合化工并没有进行拆股和分红。1930 年 3 月，该股反弹到了 134 美元。

美国工业酒精（US Industrial Alcohol）——我以前在《股价的秘密》这本书中对该股进行过分析。该股是一只弱势形态的股票，原因就是该股在 1921 年熊市里是只后期龙头股，在 1921 年 11 月的时候，才跌到了最低点 35 美元。所以，可以预测该股在后面的牛市中，也会是只后期龙头股。1923 年 3 月，该股涨到了 73 美元，之后在 1923 年 6 月的时候跌到了 40 美元。1924 年 7 月又涨到了 83 美元，这个位置比 1923 年的最高点高 10 美元。从此，该股下跌，到 1924 年的时候，该股跌到了 62 美元。之后开始快速上涨，在 1925 年 10 月的时候涨到了 98 美元的最高点。这个位置是该股前面下跌时的支撑位。（观察《股价的秘密》这本书中的走势图。）在价格反弹到这个位置的时候，前面的支撑位变成了现在的阻力位和卖点。这只股票显得很弱，不断地下跌，在 1926 年 3 月的时候跌到了 45 美元，比 1923 年和 1921 年的最低点分别高 5 美元和 10 美元。所以这里是个买点。1927 年 2 月，该股涨到了 89 美元，没有涨到 1925 年的顶。1927 年 3 月，该股跌到了 69 美元，并在这个位置被强力支撑住，趋势反转向上运行。1927 年 12 月，该股突破了 98 美元。这就表示该股要继续看多，所以我们要在这里进行加仓。1928 年 3 月，该股涨到了最高点 122 美元。在这个位置出现了巨大的抛压。1928 年 6 月，该股跌到了 102 美元。因为现在比前面最高点 98 美元要高，而且也没有跌破 100 美元，这就表示后面还会上涨。之后，这只股票慢慢上涨，在 1929 年 8 月的时候，开始了快速上涨，该股从 175 美元在 10 月的时候涨到了 243 美元。1929 年 11 月，该股跌到了 95 美元，尽管这个位置比 1928 年的最低点低 5 美元，但也跌到了曾经的支撑位 95 美元～98 美元。多年来，这个位置在上涨或者下跌的时候，都是阻力位。1929 年 11 月，该股跌到了最低点，之后在 12 月的时候展开了快速反弹，涨到了 155 美元，之后又开始下跌。1930 年 3 月，该股跌到了 100 美元，这就表示它已经是弱势股了。

很重要的一点就是该股在 1916 年～1918 年的时候，顶部都是 167 美元～169 美元。在这些顶部被突破后，就表示该股要大幅度上涨了。这个时候就不要做空这只股票，而是要加仓，这么做就可以得到更多的利润。1916 年～1919 年该股的支撑位是 95 美元～98 美元，该股在 1929 年又跌到了 95 美元。

该股 1929 年 9 月和 10 月的日线走势图很关键，我们可以从图中知道该股是强还是弱。1929 年 9 月 3 日，道·琼斯工业股平均价格指数在日线上还形成了顶部，该股的价格为 213.5 美元。9 月 5 日的时候，该股跌到了 200 美元。9 月 9 日、10 日该股反弹到 212 美元。10 日、11 日跌到了 200 美元，这个位置和 9 月 5 日的最低点一样。

之后，假如该股跌到了 197 美元，也就是这个位置下面 3 美元的时候，我们就要做空它。9 月 12 日，该股涨到了 210.5 美元，9 月 13 日，该股跌到了 198.5 美元，只比前面一个底低了 1.5 美元。9 月 20 日，该股展开快速上涨，涨到了新的最高点 226.6 美元。9 月 25 日，该股跌到了 204.5 美元，还是没有跌破前面的最低点。9 月 27 日，该股涨到了 220 美元。10 月 4 日，跌到了 201 美元，这个位置比 9 月 5 日、9 日和 10 日的底部要高，也比 9 月 13 日的底部高。假如该股跌到了 197 美元的时候，就表示可以做空它了。但只要是该股形成的底部依次上移，那就可以一直买入该股，在 197 美元或者 200 美元的位置设置好止损。1929 年 10 月 11 日，该股涨到了最后的高点 243.5 美元。10 月 4 日 ~ 11 日，该股每天的收盘价都比前一天要高，10 月 11 日的收盘价比 10 月 10 日高了 3.5 美元。10 月 14 日，该股开盘以后涨了 1 美元，然后就下跌，当天收于 233 美元比上一个交易日跌了 8 美元。日线走势图表示现在要做空该股。之后，迎来了暴跌。在跌到了 200 或 197 美元，也就是我们被止损的时候，就要进行做空了。11 月 13 日，该股跌到了 95 美元。12 月 9 日，该股反弹到了 155 美元，之后又开始下跌。在 1930 年 3 月的时候，该股跌到了 98.125 美元。因为这只股票从来没反弹超过 1929 年 12 月 9 日的最高点，同时日线和周线走势图也表示该股在形成下移的底部，所以该股是很弱的。一只活跃的股票，在运行到最高点或者最低点的时候，关注其周线走势图来研判其趋势是很重要的，而日线走势图可以看到该股发生变化的最早的迹象。日线走势图要比周线走势图更明显地显示出阻力位。该股在 1921 年的熊市中，很晚才运行到底部，在 1929 年的牛市中，也是很晚才运行到顶部的股票之一。要关注这些早期和晚期才运行的股票，而且在交易的时候绝不要逆市，就是在股票表示的趋势向下的时候不要买入做多；在趋势向上的时候不要做空。就算该股的趋势和其板块的龙头股相反也不要这样做。

铜和金属板块

在 1921 年～1929 年的牛市里，大部分的铜类股票都运行得比较慢，属于晚涨股那类的。想要知道哪只股票才是最应该买入的，和知道哪只股票是早期龙头股和晚期龙头股，我们一定要去制作该板块任何股票的走势图并加以分析研究。

美国熔炼与精炼（American Smelting & Refining）——我们要先观察下该股的历史走势，该股在 1921 年～1929 年牛市里是只龙头股，特别是 1924 年之后。1906 年的时候，该股涨到了 174 美元，形成了最高点，而该股在 1916 年牛市里的最高点为 123 美元。1921 年，该股跌到了 30 美元的最低点，这个最低点和 1899 年的最低点一样高，这个位置就是个关键的支撑位。1925 年的时候，该股向上突破了 1916 年形成的 123 美元的最高点，这就表示该股会大幅度上涨了，该股在后面依次形成逐渐上移的顶部和底部，1927 年 9 月的时候，该股成功突破了 174 美元的历史极高点。在当年 10 月的时候，该股又快速下跌到了 158 美元。在一只股票几年之后，涨到了新的最高点的时候，这一般都预示着该股还要大幅度涨高。但在该股大幅度走高之前，该股往往会展开一次回调，而买入该股的时机就是该股形成新的最高点之后进行第一次或者第二次回调的时候。假如我们在这只股票第二次突破 174 美元的时候买入了该股，就可以得到非常多的收益，还可以在其上涨的过程中加仓。1929 年 1 月，该股的价格为 295 美元，之后该股进行了分红，还将 1 份老股拆分成了 3 份新股。1929 年 9 月，新股的最低点为 85 美元，最高点为 130 美元，换成老股的话就是最高点为 390 美元。1929 年 11 月，该股跌到了 62 美元，这里就是个买点。要留意一下，1924 年的最低点和支撑位就是在 58 美元～61 美元。该股跌到了 62 美元以后，在 1929 年 12 月的时候，反弹到了 79 美元。之后，该股一直在一个狭窄的区域内运动，在 1930 年 3 月正在写这本书的时候，还没有再涨到 1929 年 12 月的最高点。

安纳康达铜业（Anaconda Copper）——这只股票在 1916 年牛市里是只晚涨股，事实上，该股是一只最后才展开快速上涨的股票。这家公司有着悠久的历史，所以，我们非常有必要去记录下该股以往的走势。1903 年和 1904 年，该股的最低点为 15 美元。1907 年发生恐慌的时候，该股的最低点为 25 美元。1915 年和 1916 年的最低点也是 25 美元。1916 年 11 月的最高点是 105 美元。1920 年的最低点是 31 美元。1921 年的最低点是 29 美元。1920 年和 1921 年的时候，该股在相同的位置被支撑住，而且站在了 1907 年、1915 年和 1916 年的支撑位上面 5 美元～6 美元的位置。虽然这只股票走得比较慢，需要大量的时间去等待它，但这里就是一个买入该股的最好的机会，也要设置好止损。1922 年 5 月和 9 月，该股的最高点都是 57 美元，然后该股在 1924 年 5 月的时候跌到了 29 美元的最低点，该股第三次在这个位置被支撑住。这就表示了，只要该股没跌破 26 美元这个比支撑位低 3 美元的位置，该股就会在之后上涨。

1924 年 5 月，这只股票慢慢上涨，每年形成依次上移的顶部和底部，但它还是在横向整理之中，这就表示该股正在进行收集，在 1927 年 12 月的时候，该股才突破了 1922 年的最高点 57 美元，涨到了 60 美元，在这之后，该股再也没跌到 53 美元。在它突破 6 年来形成的所有顶部的时候，在它创出新高的时候去买入该股是非常安全的，后面该股会出现大幅度的上涨，其原因就是价格突破了以前一切的顶部之后，就表示价格要出现快速的大幅度上涨。1928 年

11 月，该股突破了 105 美元的历史极高点。这就是个买入点，在这个位置买入可以迎来上涨行情。1929 年 3 月，该股涨到了 174 美元，然后它进行了分红，当月新股的价格为 140 美元。5 月的时候，新股跌到了 99 美元。9 月反弹到 134 美元，形成顶部，这个顶部比 1929 年 3 月的顶部低 6 美元，这就表示了该股正在进行派发，所以交易者要在这只股票形成下移的顶部后进行做空。在它的价格跌破 125 美元之后，该股就开始了快速下跌，其间反弹的幅度很小，跌破了 99 美元，在 1929 年 12 月 23 日的时候，该股跌到了 68 美元。然后该股展开了较为弱势的反弹，在 1930 年 2 月，该股的价格为 80 美元。

肯尼科特铜业（Kennecott Copper）——在 1921 年 ~ 1929 年牛市里，该股是只早期龙头股，其上涨幅度比铜业板块中其他股票都要大。所以，这就是一只一定要买入的股票。1920 年，该股的最低点为 15 美元。1921 年的时候，它却没有跌过前面的最低点，在之后的几年里，该股逐渐形成依次上移的顶部和底部，在 1927 年的时候，该股从 65 美元开始，展开了一次疯狂的快速上涨。1929 年 2 月，该股形成了最终的顶部 165 美元。之后，该股进行分红。1929 年 3 月的时候，新股涨到了最高点 104 美元。1929 年 11 月，这只股票跌到了 50 美元。这时的价格和 1926 年 3 月的最低点一样，然后价格从这个位置开始走高。显而易见，该股会在 1921 年 ~ 1922 年的时候成为龙头股。因为该股并没有跌破 1920 年的最低点，而且其最低点是一年比一年高的，这就表示了其龙头地位。和安纳康或者其他的股票做比较，我们更要买入这只股票。

要认真分析研究全部的股票，在突破狭窄的区域的时候就买入，而在跌破狭窄区域的时候就做空，这些是极为关键的。只有这么做，我们才能够实现尽可能快速地得到利润，不会没耐心，也不会被套在横向整理运行里。

国际镍业（International Nickel）——这只股票在 1921 年 ~1929
年牛市中属于一只晚涨股。（图 7）该股在长时间内都在进行收集，
假如我们在这只股票收集完毕之后再买入它，那么我们不仅仅是能
够很快速地得到了盈利，同时还没有由于太早买入该股票而等待了
过长时间。1920 年，该股的最高点为 26 美元，最低点为 12 美元。
1921 年，该股的最高点为 17 美元，最低点为 12 美元。1922 年该股
的最高点和最低点分别为 19 美元和 12 美元。1923 年，该股的最高
点和最低点为 16 美元和 11 美元。1924 年，该股的最高点和最低点
分别为 27 美元和 11.5 美元。根据前面列出的这些数据能够发现，这
只股票在这几年中都在 11 ~ 美元 12 美元的位置被支撑住。有些人在
这个位置上大量地买入该股，所以在这个位置进行买入，止损放在
10 美元的位置或者 12 美元下方 3 美元即 9 美元的位置是非常安全并
且有效的。1922 年，这年是牛市的第一年，该股的最高点为 19 美元。
依照我的交易规则，等着价格涨到了第一年牛市顶部的上面再买入
是比较安全的。1924 年 11 月，该股突破了 20 美元，涨过了 1922 年
的最高点，这就表示了该股还可以上涨，这也是个买点。1925 年 9 月，
该股涨到了 25 美元，形成最高点，这个位置比 1920 年的最高点高
3 美元，在此要进行加仓。1925 年 11 月、12 月，该股涨到了 48 美
元。周线走势图表示该股已经形成了顶部，目前正在进行短暂的派
发。1926 年 3 月，该股跌到了 33 美元。5 月的时候该股又跌到了 33
美元的底部，在这个位置我们要买入该股，也要在 30 美元，也就是
前面一个底下面 3 美元的位置设置好止损。然后这只股票开始上涨，
并且每个月都形成依次上移的底部。1927 年 4 月的时候，该股突破
了 48 美元，这是又一个要进行加仓的位置。之后它继续上涨，一直
形成依次上移的顶部和底部。1929 年 1 月，该股突破了 1915 年和
1916 年的顶部 227 美元，一路涨到了 325 美元。这个时候这只股票

进行了分红。新股在纽约场外交易所进行交易，1928年11月，该股
跌到了最低点32美元，这个位置和1926年3月、5月的最低点一
样。在那时，大趋势就从此反转向上运行。在一只股票进行拆股之
后，就需要去留意老股前面的最高点和最低点，原因就是新股一般
都在这些位置上被支撑住或者遇到抛压。所以，在这只股票的新股
跌到32美元的时候，就要买入它，也要设置止损在29美元的位置。
之后新股开始上涨，1929年1月，新股涨到了最高点73美元。之后
该股在这个位置进行派发，1929年11月的时候，该股跌到了25美元。
1930年3月的时候该股反弹到了42美元。

　　国际镍业在1920年～1924年的时候，连续5年一直在12美元
的底部附近运行，这就说明在这个位置发生了大量的收集。这表示
这些交易是由那些有多少股就买多少股的大户买入的，而不是那些
还要斟酌价格的大户。即使这只股票在1924年～1929年牛市里运行
比较慢，但在其所在的板块中，上涨幅度却是最大的。该股从1924
年的最低点共上涨了313美元。这表示该股进行了多年的大量收集，
只要突破收集的区域后进行买入，其价值是非常之大的。这只股票
的大规模运行是从1927年4月开始的，那时的价格为41美元，在
运行21个月，就是1929年1月的时候，该股涨到了280美元，差
不多就是每月上涨13美元。历史上，该股出现最大的回调是从99
美元回调到了74美元，下跌了25美元。1928年4月，该股涨过了
105美元，之后就开始了疯狂的快速上涨。制作这只股票的周线走势
图，特别是新股1929年11月到现在的走势图，我们能够从中发现，
1929年1月26日结束的那周，在73美元的位置形成尖顶，然后继
续下跌到了57美元。接着又反弹到了67美元，然后以横向整理运
行的方式进行派发。之后在1929年3月的时候，该股跌到了40.5美元。
9月21日结束的那个星期，该股从40.5美元这个底部反弹到了60.5

美元。这是第三个依次下移的顶部，然后就开始了暴跌。1929年11月，该股跌到了25美元，1930年3月，该股反弹到了42美元。

设备板块

每一个板块中，那些最先形成最低点的股票在牛市里也会最先形成最高点。

美国制动与铸造（American Brake Shoe & Foundry）——1920年12月，该股跌到了最低点40美元。在经过1921年的收集之后，该股成为了1922年的龙头股。1921年，该股的价格一直比1920年高，这就表示该股已经做好了成为下次牛市中龙头的准备。1923年和1924年，该股展开回调同时进行了又一次的收集。1925年的时候，该股又成为龙头股。1926年2月，该股涨到了最高点280美元。当年5月，该股跌到了110美元。1927年3月，该股反弹到了152美元，这时该股进行了分红，之后就没给出大的交易机会了。

美国汽车与铸造（American Car & Foundry）——这是另一只在1920年12月形成最低点的股票，最低点为111美元，在1922年的时候，该股是龙头股。1922年10月，该股的价格为200美元。1923年和1924年，展开了回调并且进行了收集。1925年3月，该股涨到了232美元，这时该股进行了分红。之后在1921年～1929年的牛市剩下的时间中，这只股票并没展开级别大的运行。该股从1925年9月的时候开始进行派发，而且大趋势开始向下运行。1929年11月，新股的价格跌到了76美元。

美国机车（American Locomotive）——这只股票是早期龙头股。1923年，该股涨到了145美元，然后开始分红，新股在65美元～76美元的区域内运行，进行了收集。1924年12月，该股展开了快速上涨，起涨点是 84 美元，在 1925 年 3 月的时候，该股涨到了 144 美元的最高点。该股并没有突破 1923 年的顶部 145 美元。大趋势转为下降后，该股持续下跌，而其他股票却是持续上涨。1928 年 6 月，该股跌到了 87 美元。1929 年 7 月的时候，该股涨到了 136 美元。1929 年 11 月的时候，该股又跌到了 90 美元。

鲍德温机车（Baldwin Locomotive）——该股的表现一直非常不错，而且运行较快，这是由于这只股票的供给量比较小。它的流通股差不多没到过 10 万股之上。1921 年 6 月，该股的最低点为 63 美元，这个位置只比 1919 年的最低点低了 2 美元。假如我们在 1919 年的最低点买入了这只股票的话，还在买入价格下面 2 美元的位置设置好了止损，这个止损一直都不会被执行。1922 年，该股成为牛市中的龙头股。1923 年 3 月的时候，该股涨到了 144 美元。1924 年 5 月，该股跌到了 105 美元。1925 年 2 月，该股涨到了 146 美元，这个位置比 1923 年 3 月的最高点多 2 美元。这就是个做空点，还要在上次顶部上方 2 美元的位置设置好止损。1925 年 3 月，该股跌到了 107 美元，这个位置比 1924 年 5 月的最低点高 2 美元。这又是个买点。1926 年 2 月，该股涨到了 136 美元。1926 年 3 月，市场开始恐慌性暴跌，该股跌到了 93 美元，这个位置和 1921 年 12 月的最低点一样，也和 1923 年 1 月发生的大幅度上涨的起点一样。在 1926 年 3 月的暴跌之后，大趋势反转向上运行。1926 年 7 月~10 月，该股在涨到 124 美元~126 美元的时候受到了较大的抛压。11 月，该股突破了 128 美元，一直上涨突破了 1923 年的 144 美元的顶部和 1925 年的 146 美元的顶部。之后，该股又突破历史极高点 156 美元。不断突破前高并且创出新高就表示该股还要继续大幅度上涨，所以我们要再次进行加仓，也要在该股一路上涨的过程中通过金字塔加仓的方法进行跟进。1928 年 3 月，该股形成了 285 美元的极高点，之后就展开了快速下跌。之后该股进行分红，并且将 1 股老股拆分成 4 股新股。1929 年 8 月，新股的价格为 66.5 美元。然后从周线走势图上可以看出，该股的大趋势转为向下了。1929 年 10 月 29 日，该股跌到了 15 美元，换成老股就是 60 美元，这比老股在 1921 年 6 月形成的最低点低 3 美元。之后，1930 年 2 月的时候，该股反弹到 38 美元。这就表示，当其他的同板块股票下跌的时候，该股却在上涨，而且还在牛市的后期才成为龙头股。而其他的股票却是在牛市的初期形成顶部以后再也没能突破顶部。走势图可以告诉我们该股是强势的。

西屋电力公司（Westinghouse Electric）——图 7 为该股 1901 年到现在的年线走势图。1921 年 8 月，该股的最低点为 39 美元。1923 年 2 月，该股的最高点为 67 美元。1923 年 5 月～7 月，该股的最低点都是 53 美元，这个位置有很大的支撑。1924 年 1 月，该股涨到了 65 美元。5 月跌到了 56 美元，在比前面底部高的位置被支撑住。12 月，该股突破了 1923 年的最高点 67 美元。1925 年 1 月，该股涨到了 84 美元。3 月，该股跌到了 66 美元。8 月，反弹到 79 美元。1926 年 2 月，又涨到了和上次一样的 79 美元的顶部。5 月，跌到了只比 1923 年的最低点低 1 美元的 65 美元。这就是个买点，止损要设置在 63 美元（观察图 5）。1927 年 8 月，该股突破了 1925 年的最高点 84 美元，然后又突破了 1904 年～1906 年的最高点 92 美元，这就表示这只股票会大幅度上涨了。1928 年 11 月，该股突破了 1902 年的历史极高点 116 美元。该股收集了很多年，然后又创出新高，这明确地表示了该股在后面会大幅度上涨。突破 156 美元的时候，该股和鲍德温机车的强弱状态是一样的，在它很多年之后即突破了 174 美元的时候，该股就和美国熔炼公司的强弱状态一样了。该股突破 116 美元之后一直不断上涨，在 1929 年 8 月的时候，该股涨到了 292 美元，其间从来没回调到过 112 美元。

西屋电力公司 1929 年 ~ 1930 年周线走势图

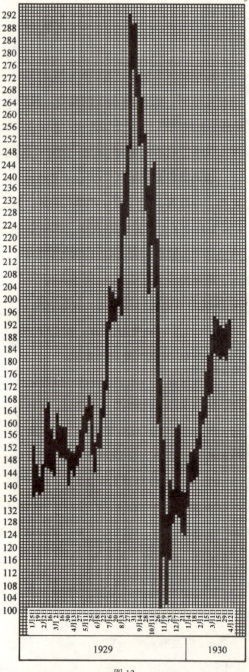

图 12

该股最后的快速上涨时，6周内涨了100美元。我又一次肯定了我的交易规则，就是股票在最后快速上涨的时候，只会运行6~7周。（图12）该股先形成一个尖顶，然后跌到了275美元，之后反弹到289美元，形成一个下移的顶部。之后又跌破了第一次回调后形成的底部275美元，这就表示大趋势已经反转向下运行了。之后该股就展开了快速下跌，10月3日的时候，该股跌到了202美元。然后开始快速上涨，在10月11日的时候上部到了244美元。接着就是另一次恐慌性暴跌。在该股跌破200美元的时候，我们就要大量做空该股了，同时在该股一直下跌的时候进行加仓。10月29日，该股跌到了100美元。之后就反弹到了154美元。11月13日又跌到了103美元，形成了高一点的底部，这就表示该股是强势的，我们就要买入它，在100美元下方设置好止损。之后展开了上涨，该股涨到了159美元，然后又跌到125美元，又开始上涨了。周线走势图上最后形成的底部是154美元和159美元，所以，在该股成功突破160美元时，就表示该股还可以上涨，我们要再买入。1930年3月，该股涨到了195美元，然后就受到了较大的抛压，展开了回调。

食品板块

比奇坚果包装公司（Beech-Nut Packing）——1922年7月，该股的最低点为10美元。1923年3月，该股涨到了最高点84美元。之后就在一个狭窄的区域内缓慢地运行。1927年4月，该股跌到了最低点50美元，然后又在1929年1月涨到了101美元。11月跌到了45美元的最低点，这个位置和1924年4月的最低点一样，所以可以在这个位置买入该股做反弹。

加利福尼亚包装公司（California Packing）——1921年7月，

该股的最低点为 54 美元。1922 年开始上涨。1923 年上升趋势保持良好。之后在 1924 年和 1925 年展开了快速上涨。1926 年 2 月，该股形成了 179 美元的最高点。1926 年 3 月，快速下跌到了 121 美元。之后该股进行分红，比例为 100%。在 1921 年~1929 年牛市中剩下的时候就没有发生大的涨跌。

大陆烘焙"A"（Continental Baking "A"）——1925 年涨到了最高点 144 美元。然后一直下跌，在 1928 年 4 月的时候跌到了 27 美元。1929 年 7 月，该股跌到了 90 美元。1929 年 10 月，跌到了 25 美元，这个位置比 1928 年最低点高 2 美元，这个位置是个支撑位，我们要在这里买入，止损位置在 24 美元。

玉米制品（Corn Products）——我以前在《股价的秘密》这本书中简述过这只股票。1924 年，该股涨到了最高点 187 美元，这时该股进行分红，1 股老股拆成 5 股新股。1924 年~1926 年，该股一直运行在一个狭窄的区域，进行收集。1927 年，该股开始变得活跃了。1929 年 10 月，该股涨到了 126 美元。1929 年 11 月，该股跌到了 70 美元。之后在 1930 年 4 月的时候反弹到 109 美元。

古亚美水果（Cuyamel Fruit）——该股在 1921 年~1929 年牛市里，是只早涨股又是只晚涨股。1924 年 1 月，该股涨到了 74 美元的最高点。之后在 1927 年 2 月~4 月的时候一直下跌，跌到了 30 美元。这只股票在这个位置开始进行收集，然后就展开上涨了。1929 年 10 月初，该股涨到了最高点 126 美元。之后开始下跌，在 1929 年 10 月 29 日跌到了 85 美元。

通用食品（General Foods）——波斯敦谷物（Postum Cereal）是只早涨股，该股在 1923 年 2 月形成了第一个最高点，134 美元。之后进行分红，比例为 100%，新股在 47 美元~58 美元的位置进行收集。1924 年 9 月，该股涨过了 58 美元~60 美元的阻力位，在

1925 年 8 月涨到了 143 美元。而这时又进行分红。新股在 1925 年
11 月跌到了 65 美元。1928 年 5 月涨到了 136 美元。之后这只股票
和通用食品进行重组，1929 年，合并后的股票进行派发，在 81 美元
的位置形成顶部。之后在 1929 年 10 月的时候跌到了 35 美元。这家
公司是被摩根公司控股的，所以这家公司在多年后肯定会大幅度上
涨，这是不容置疑的。我们要关注这只股票，通过制作走势图，来
找到合适的时机去买入该股。

沃德烘焙"B"（Ward Baking "B"） ——1924 年 4 月，该股
跌到了 14 美元的最低点，在这个位置进行了大量的收集，得到了很
好的支撑。1925 年 10 月，该股涨到了 95 美元。然后，该股的大趋
势反转向下运行了，该股一直下跌，在 1929 年 10 月的时候跌到了 2
美元。1926年～1929 年，这只股票形成的顶部和底部依次下移。在
同板块中其他股票都上涨的时候，该股却是要做空的股票。这只股
票是一只新股，是最近几年才上市的，而且当时的发行价格比较高，
这就使得该股在发行之后就开始大幅度下跌。

汽车板块

在 1921年～1929 年牛市里，这个板块出现了几只非常好的龙头
股。研究每只股票的交易者就可以预测出哪只股票会展开大幅度上
涨。

克莱斯勒公司（Chrysler） ——这只股票的前身是麦克斯韦公
司，该股在 1921年～1929 年牛市里是只早期龙头股。1921 年，麦
克斯韦"A"的价格是 38 美元。1922 年涨到了 75 美元。1923 年跌
到了 36 美元。因为该股没有跌过 1921 年最低点 3 美元，所以这就
表示该股得到了支撑，这就是个买点。这只股票改名为克莱斯勒公

司之后就开始大幅度上涨了。在 1925 年 11 月的时候，第一段大型上涨行情结束，该股涨到了 253 美元。然后该股进行分红，新股在 1925 年 12 月的价格为 56 美元。1926 年 3 月，该股跌到了 29 美元，之后开始了大量的收集，收集完成后开始上涨，在 1926 年～1927 年的时候一直在形成依次上移的顶部和底部。1927 年 8 月～1928 年 3 月，该股在 60 美元～63 美元受到了大量抛压，接着展开了大幅度行情。1928 年 10 月，该股上涨到 140 美元形成顶部，在 4 个月中进行了大量派发。之后，该股的大趋势反转向下运行，在月线走势图上可以看到这个变化。1929 年 1 月，该股正式步入熊市中。1929 年 5 月，该股跌到了 66 美元，然后反弹到 79 美元。这只股票表现得相当弱，在 66 美元～78 美元开始大量地派发。1929 年 9 月，这只股票向下跌破了以前的 66 美元的底部。1929 年 11 月的时候，该股跌到了 26 美元，这个位置比 1926 年 3 月的最低点低 2.5 美元。然后又是反弹，1930 年 4 月，该股反弹到了 42 美元。这只股票是只大家非常喜欢的股票，所以该股在高位区域进行了派发，而这也是该股在写这本书之前，跌到这么低的价格，而且反弹比较弱的原因。

哈德逊汽车（Hudson Motors）——这只股票在 1921 年～1929 年牛市中是只晚涨股。1922 年 5 月，该股跌到了 19 美元的最低点，1922 年 8 月～10 月，该股的最低点为 20 美元。1924 年 3 月，该股涨到了最高点 29 美元。5 月跌到了 21 美元的最低点。所以，可以发现，1922 年该股形成极低点，1923 年和 1924 年的最低点比 1922 年高 1 美元。在这 3 年中，该股一直在进行收集。1924 年 12 月，该股突破了 1922 年的最高点 32 美元，然后又快速上涨了。1925 年 11 月，该股第一次形成的最高点在 139 美元。12 月，这只股票出现了急速下跌，跌到了 96 美元。之后反弹到了 123 美元，在 1926 年 1 月～3 月的时候进行派发。后面该股的大趋势是向下运行的，1926 年 10 月，该股跌到了 44 美元。之后该股进行了收集，然后开始上涨。1928 年 3 月，该股形成了顶部，为 99 美元。之后，该股在 77 美元~97 美元的区域内运行，一直持续到 1929 年 9 月。这时该股又开始进行大量的派发。1929 年 11 月，该股跌到了 38 美元，这个位置比 1926 年 10 月的最低点低了不足 3 美元。这个位置是曾经的阻力位也是买点。1930 年，该股反弹到 62 美元。

通用汽车（General Motors）——在汽车板块里，通过交易这只股票而成为百万富翁或者穷光蛋的人数是最多的。这只股票的简称不应该写成 GMO，而是要写成 GOM，意思就是汽车行业的"老前辈"（Grand Old Man）。这只股票保持着一项纪录，就是该股在 1915 年、1916 年、1918 年和 1919 年牛市里都是龙头股，还在 1924 年~1929 年牛市里，有过几次最大幅度的上涨。（见图 13），1913 年该股的最低点是 24 美元，1916 年 11 月，最高点为 850 美元，之后该股进行拆股。1917 年 11 月，该股跌到了 75 美元，这个位置被较强地支撑住，而且进行了大量的收集。该股带动了 1919 年牛市，在当年 11 月的时候涨到了 400 美元。之后 1920 年 2 月，该股快速下跌到了 225 美元。在 1920 年 3 月时反弹到了 410 美元，然后该股进行拆股，1 股老股拆成 10 股新股。1920 年 3 月，新股为 42 美元，也就是老股的 420 美元。然后在这个位置进行大量的派发，该股的大趋势转为向下了，于 1922 年 1 月和 3 月形成了 8.25 美元的最低点，这个最低点和 1920 年 3 月的最高点比较，也就是老股的 82.5 美元。这时流通股有 5000 万股左右。该股运行得很慢，最后在 1922 年 4 月和 5 月的时候到了 17 美元。1923 年 7 月，该股跌到了 13 美元。8 月，该股反弹到了 16 美元。1924 年 1 月又形成了一样的 16 美元的最高点。1924 年 4 月和 5 月，该股又跌到了 13 美元，形成了和之前一样的位置的最低点。1920 年 10 月~1924 年 6 月，该股在 8.25 美元~16 美

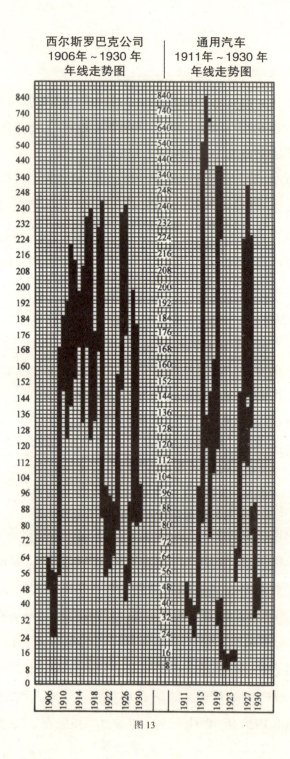

西尔斯罗巴克公司
1906年~1930 年
年线走势图

通用汽车
1911年~1930 年
年线走势图

图 13

元区间运行。3 年的时间都在进行收集，这表示该股后面要出现大幅度上涨，这是毫无疑问的；同时该股之后的上涨还会持续非常长的时间才会进行派发。

1924 年 6 月，该股以 10 股老股换 4 股新股，这表示其流通股的减少。新股从 52 美元的位置开始上涨，1925 年 11 月的时候涨到了最高点 149 美元，然后进行了短期回调。之后开始快速下跌，而且该股在 11 月下旬的时候跌到了 106 美元。之后该股重拾上升趋势，而怀特汽车和其他汽车股是下跌的，和通用汽车恰恰相反。1926 年 8 月，该股涨到了 225 美元的最高点，还进行了 50% 的分红。1926 年 9 月的时候，新股跌到了 141 美元。10 月涨到了 173 美元，形成短期的最高点。之后在 11 月的时候开始快速下跌形成最低点 137.625 美元，这个位置只比 9 月的最低点低 3 美元。这个时候成交量增大，被很好地支撑住。在一段时间的收集以后，该股的大趋势又反转向上运行。1927 年 3 月，该股向上突破了 1926 年 10 月的最高点 173 美元，又展开了大幅度上涨。1927 年 10 月，该股涨到了最高点，价格为 282 美元。之前的 1927 年 8 月，该股进行了 100% 分红，而发行后的新股在纽约场外交易所进行交易。8 月，该股的价格为 111 美元，之后该股继续上涨，1927 年 10 月，该股涨到了 141 美元，也就是老股的 283 美元。11 月和 12 月，该股跌到了 125 美元，在这个位置被很好地支撑住，然后开始上涨。1928 年 3 月，该股突破了 1927 年 10 月的最高点 141 美元，然后开始快速上涨。1928 年 5 月，该股涨到了顶部 210 美元。然后开始快速下跌，在 6 月跌到了 169 美元，在这个位置上，该股又被良好地支撑住，又恢复了上升趋势。1928 年 10 月和 11 月，该股又涨到了最高点 225 美元。要留意一下，这个位置和 1926 年的最高点一样，而这个位置出现了大量的抛压，还进行了大量的派发。12 月，该股跌到了 182 美元，然后又进行分红。

　　1928 年 12 月，新股跌到了 74 美元，之后慢慢上涨，在 1929 年 3 月的时候涨到了 191.75 美元。连续 4 周的成交量大于 150 多万，表示该股在进行大量派发。3 月 26 日，该股出现大幅度下跌，跌到了 77.25 美元。4 月下旬该股反弹到了 88.5 美元，这时的周成交量都大于 100 万股，表示该股受到大量抛压。这只股票没能涨到前面的最高点，这就要做空了。之后开始了下跌，在 5 月的时候跌破了 3 月的最低点，确定了该股的下跌趋势。7 月下旬，该股跌到了 66.25 美元。1929 年 9 月 3 日，该股反弹到了最后的高点 79.25 美元，周成交量大于 150 万，这就表示空方的力量很强，特别是这只股票还没有涨到 7 月 3 日的最高点 77.25 美元上面 3 美元的位置。8 月 21 日~9 月 21 日，4 周的最低点都在 71.75 美元~72.25 美元附近形成。在 9 月 28 日结束的那周里，该股跌破 72 美元，跌到了 66 美元。这就是个加仓的机会，要在该股下跌的过程中通过金字塔加仓法进行加仓。10 月 29 日，该股跌到了 33.5 美元，当日成交量为 93.13 万，周成交量为 222.56 万股。之后的 3 周，周成交量都大于 100 万股。

　　1929 年 10 月 31 日，该股反弹到了 46.75 美元。在 11 月 7 日，该股跌到了 36 美元。11 月 16 日结束的那周，周成交量为 92.3 万。11 月 23 日结束的那周，周成交量只有 31.8 万股，而且其间该股出现了反弹，这就表示该股的下跌完毕了。12 月 9 日、10 日，该股反弹到了 44.75 美元。1930 年 1 月 18 日，跌到了 37.5 美元，日成交量为 32 万股，表示没有很多的抛售。这个底部是在该股突破 42 美元之后形成的第二个上移的底部，在这个位置该股受到几周内的压力，又表示该股会继续上涨。1930 年 4 月 9 日，该股涨到了 54 美元，成交量也加大了。一定要留意，1924 年 6 月~1929 年 3 月，该股展开所有的回调都没有大于 1 个月，也就是就算回调到了下一个月，价格也没能跌过前一个月最低点下面 3 美元。有一条交易规则就是：一定别去做空那些从最高点回调不足 1 个月的股票。1924 年和 1925 年，在该股进行收集的时候，其他汽车股都在上涨。之后在该股只回调 1 个月之后就开始上升，表现出了强势；而其他股票就开始下跌了，表现得很弱。1914 年 ~ 1929 年所有牛市里，该股一直都是龙头，我们不要去期望着该股可以在下次的牛市里再成为龙头股，所以要去认真分析下该板块的股票，从里面选择出一只正在进行收集，而且可以成为龙头的股票是很关键的。

麦克卡车（Mack Trucks）——在汽车板块里，这只股票是另一只早涨股，就是因为该股的股本比较小。这只股票的流通股仅有 33.9 万股，所以大财团拉升该股就很简单了。1921 年，该股的最低点是 25 美元。1923 年 4 月，该股的最高点是 94 美元。6 月，该股的最低点是 64 美元。1923 年和 1924 年，该股在这个位置进行了大量的收集。这就表示有人在全力买入该股，为了下次的大幅度上涨。1924 年 8 月，该股突破了 1923 年的 94 美元的最高点。1925 年 11 月，该股涨到了最高点 242 美元，形成顶部之后开始进行派发，并且进行了分红。然后，该股的主趋势就反转向下运行了。1926 年 3 月，该股跌到了 104 美元。8 月，该股反弹到了 136 美元。接着，该股形成的顶部和底部依次下移。1927 年 1 月，该股的最低点是 89 美元。5 月，该股的最高点是 118 美元。1928 年 4 月，该股的最低点是 83 美元。1929 年 2 月和 3 月，该股的最高点是 114 美元，这个位置比 1927 年 5 月的最高点要低。3 月和 5 月，跌到了最低点 91 美元。9 月反弹到了 104 美元。这次的反弹十分弱，表示该股正大量派发。事实上这次派发从 1925 年一直到了 1929 年。1929 年 11 月，该股价格跌到了 55 美元。要留意，最后一个支撑位是 1922 年 10 月形成的 53 美元支撑位。1930 年 3 月，该股反弹到了 85 美元，这是熊市里仅有的一次反弹。

帕卡德汽车（Packard Motor Car）——这只股票是一只晚涨股。1921年，该股的最低点为5美元。1922年12月，该股的最高点是21美元。1923年11月和1924年5月，该股的最低点都是10美元。这就表示该股在10周~16周的范围内进行了大量的收集（图14）。1925年4月，该股向上突破了1922年的最高点21美元，这是个买点，可以获得后面的大幅度上涨。1925年10月和11月，最高点为48美元。1926年3月，该股跌到了32美元。7月，该股涨到了45美元。10月，该股跌到了32美元，这个位置和3月形成的最低点一样，1926年10月~1927年7月，该股在33美元~38美元的区域进行大量的收集。8月，该股展开大幅度上涨。10月，该股向上突破了1925年的最高点48美元，之后又展开了大幅度上涨。1927年5月，该股最后到了34美元之后，每月形成的底部不断上移，在1928年12月的时候，形成了最高点163美元。这次上涨是一次130美元的上涨，其间还没有给出主趋势反转的标志，所以这是一次可以通过金字塔加仓法进行加仓的大好机会。1929年3月，该股跌到了117美元。5月，该股反弹到了154美元。7月，该股跌到了128美元，在这个位置展开了收集，被很好地支撑住。9月，该股涨到了161美元。这时该股进行拆股，1股老股拆成5股新股。1929年9月，新股的价格为32美元，换成老股就是160美元。1929年11月，新股跌到了13美元，也就是老股的65美元，从顶部算起，跌了差不多100美元。认真分析该股的月线走势图，就可以发现这只股票在哪里进行了大量的收集；也可以发现，在其他同板块的股票在牛市的初期成为龙头股以后，这只股票是怎样由弱转强，展开大幅度上涨的。

史蒂倍克（Studebaker）——这只股票是1921年牛市里表现得最好的，也是最早的龙头股。在《股价的秘密》这本书中，我将

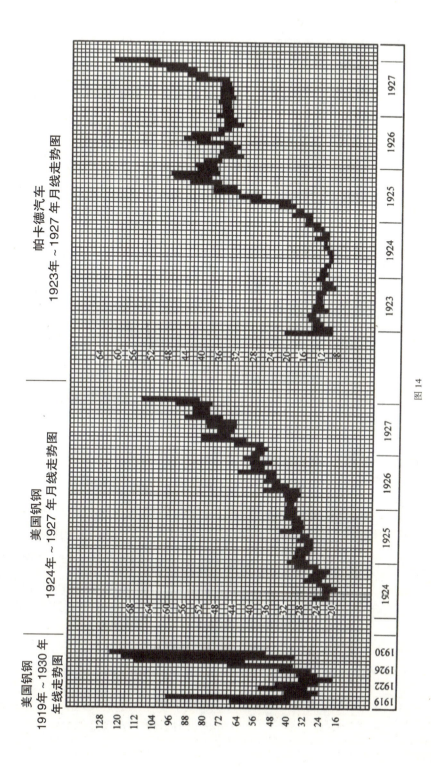

图 14

191

该股看成一只最强势的股票。1920 年 12 月，该股跌到了最低点 38
美元。1922 年，该股涨到了 141 美元。1924 年，该股进行了分红。
之后，该股运行得和帕卡德汽车这只股票很像，就像我们在月线走
势图里看到的那样。1925 年 11 月，该股涨到了最高点 68 美元。然
后就开始下跌，在 1926 年 5 月的时候跌到了 47 美元。该股在这个
位置进行了大量的收集。之后在 1926 年剩下的大多数时间内，和
1927 年都运行在一个区域内。1928 年 1 月，该股突破了 1925 年的
最高点 68 美元。1929 年 1 月，该股涨到了最高点 98 美元，之后主
趋势就反转向下运行了。1929 年 11 月，该股跌到了 38 美元，这个
位置和 1924 年 9 月~11 月、1920 年 12 月的最低点一样。1930 年 2 月，
该股反弹到了 47 美元，幅度较小。

怀特汽车（White Motors） —— 这只股票是早期龙头股，1925
年底，该股形成了最高点，之后就没再上涨了。1921 年，该股跌到
了最低点 29 美元。1924 年 6 月展开了二次上攻，在 1925 年 8 月形
成了最后的高点 104 美元。1925 年 10 月~11 月，该股一直在进行
着派发，之后转为下跌。1926 年 4 月，该股形成了最低点 52 美元，
其间的反弹都比较无力。8 月，该股反弹到了 64 美元，之后就进行
另一次派发，然后趋势又转为下降。1927 年 11 月，该股的价格为
30 美元，这个位置只比 1921 年的最低点高 1 美元，表示该股比较弱
势，但这个位置可以买入，做后面的反弹。1929 年 4 月，该股反弹
到了 53 美元。11 月跌到了 28 美元的最低点，而这个位置是 1921 和
1927 年的最低点，该股在这里被支撑住。1930 年 4 月，该股反弹到
了 43 美元。

假如一位交易者或者投资者在 1926 年~1928 年里买入了该股，
而只是因为发现通用汽车非常强，所以期望着怀特汽车也能随之上
涨，那么他就会受到不小的亏损，原因就是在通用汽车上涨的时候，

怀特汽车的大趋势是下降的。我们要知道如何能不逆市交易。在相同的板块里，别去因为一只股票的上涨而去买入另一只股票，除非这也是只强势股。我们要依照走势图来研判出股票的强弱状态。

石油板块

很多的石油股都在 1922 年和 1923 年初走到了最高点，但是基本上没能加入 1924年～1929 年牛市行情中。就是由于其供给过多，但这些一定会在某个时候结束的。在需求一直增加的同时，只要供给一减少，该板块的股票就会回到其辉煌的时代。的确，在化学领域中也会研发出一种替代品，从而取代石油，这就影响了石油公司的利润。不管怎样，我们还是要去跟踪那些石油绩优公司，只要这些股票活跃起来，而且走势图告诉我们它们要上涨了，我们就要去买入它们。

墨西哥石油（Mexican Petroleum）—— 这只股票在 1922 年～1923 年牛市里，是一只非常强的龙头股。该股在 1921 年 8 月从 85 美元开始上涨，在 1922 年 12 月的时候涨到了最高点 322 美元。之后该股和泛美石油公司的股票交换。1921 年，墨西哥石油是最值得买入、期待着大幅度上涨的股票之一，就是由于该股表现出了非常大的收集，而且在其形成最低点之后的反弹非常快，反弹形成了依次上移的顶部和底部。这只股票的流通股很少，所以大财团想让该股上涨就会非常简单，特别是这只股票的自身价值很高。

大西洋炼油（Atlantic Refining）——这只股票在 1921年～1929 年牛市里是另一只早期龙头股。1923 年 1 月，该股涨到了最高点 160 美元。1924 年 7 月，该股跌到了 79 美元。1925 年 2 月，该股涨到了最高点 117 美元。3 月跌到了 98 美元。之后展开反弹，1925 年

6月和7月，该股涨到了116美元的最高点，没有突破1925年2月的最高点，这就表示该股已经可以做空了。这个位置附近有很大的抛压，1925年8月，该股跌到了97美元。1925年11月，该股涨到了110美元。1926年3月，该股又跌到了97美元，这就是个买点了，要在94美元的位置设置好止损。之后就展开了快速反弹，1926年5月，该股涨到了128美元，这次反弹是快速的、幅度较大的，之后就展开了快速下跌，1926年10月，该股跌到了97美元。这次是这只股票第四次跌到这个位置了，这时就要买入该股，止损在94美元。1927年8月，该股涨到了131美元，这个位置只比1926年的最高点高3美元，这个位置又是个尖顶。之后该股很快地就下跌了，1928年2月的时候，该股跌到了96美元，这是这只股票第五次跌到这里然后被支撑住。这又是个买点，止损放在94美元。之后该股展开了快速上涨。4月，该股突破了1926年和1927年的最高点，涨到了1924年1月的140美元的最高点，然后在这里连续3个月受到抛压。1928年6月，该股跌到了111美元。之后又涨到了141美元创出新高，当月收于139美元。1928年7月，该股涨到了新的最高点143美元，这时我们就要加仓了，这表示该股会大幅度上涨，就是因为该股形成过2次的96美元、97美元的最低点之后创出新高，这就表示该股要大幅度上涨。1928年10月，该股涨到了238美元，在这个位置该股进行分红。1928年12月，新股的最低点是50美元，之后慢慢上涨。1929年7月，新股涨到了77美元形成最高点。之后在1929年10月跌到了最低点30美元。1930年4月，该股反弹到了51美元。

通用沥青（General Asphalt）——该股是1919年牛市里最关键的龙头股之一。1922年7月，该股的最高点是73美元。1923年8月，该股跌到了23美元的最低点，这个位置比1920年和1921年的低点要低，表示该股是弱势的，不会是龙头。1926年8月，该股的最高点是 94 美元。1927 年 3 月，该股的最高点是 96 美元。1928 年 4 月和 5 月的最高点是 95 美元。1929 年 8 月，该股的最高点是 95 美元。持续 4 年基本在同一个位置形成最高点而没有突破，这就表示该股可以去做空了。1929 年 11 月，该股跌到了 43 美元。1930 年 4 月，该股反弹到了 71 美元。

休斯顿石油（Houston Oil）——这只股票的流通股非常少，所以对价格操纵就变得很简单。1921 年 8 月，该股的最低点为 42 美元。1922 年 10 月，该股的最高点为 91 美元。1923 年 8 月，该股的最低点为 41 美元，这是个买点，止损要放在 39 美元的位置，买入的原因就是这个最低点和 1921 年的最低点一样。1925 年 2 月，该股涨到了 85 美元。1926 年 3 月和 10 月，该股跌到了最低点 51 美元。（图4）经过长时间的收集以后，大规模的行情展开了。1927 年 2 月，该股向上突破了 1922 年、1925 年的最高点，之后就疯狂地快速上涨了。1927 年 7 月和 10 月，该股的最高点为 174 美元和 175 美元。在最高点附近该股展开了派发，主趋势反转向下运行了，该股在这次牛市剩下的时间内，没有再成为龙头。1929 年 10 月，该股跌到了 26 美元。然后从这个最低点开始展开了一次大幅度上涨。1930 年 3 月，该股涨到了 110 美元。因为该股的流通盘很小，所以该股反弹的幅度要大于其他任何该板块的股票。

泛美石油"B"（Pan-American Petroleum "B"）——1921年 8 月，该股的最低点为 35 美元。1922 年 10 月，该股涨到了最高点 94 美元，成为早期龙头股，但该股之后就再没成为过龙头股了。1924 年 2 月，该股的最低点为 42 美元。1925 年 3 月，该股涨到了 84 美元。1928 年 2 月，该股跌到了 38 美元。之后在 1929 年 8 月的时候，该股反弹到了 68 美元。然后在恐慌性暴跌中于 1929 年 10 月跌到了 50 美元。我们能够发现，该股在 1922 年形成最高点之后，尽管出现了几次反弹，但在 1922 年的时候该股的牛市行情就完成了。所以，该股并非牛市中该板块的龙头股。

菲利普斯石油（Phillips Petroleum）——1923 年 4 月，该股形成了最后的最高点 69 美元。之后在这次牛市里就没有再创出新高，而是一直下跌，在 1929 年 11 月，该股跌到了 24 美元，然后在 1930 年 4 月，反弹到 41 美元。

加利福尼亚标准石油（Standard Oil of California）——1922 年 10 月，该股涨到了最高点 135 美元，然后进行分红。1923 年 8 月，新股的价格为 48 美元。之后该股就运行在一个狭窄的区域里，终于在 1929 年 6 月，该股涨到了 82 美元。1929 年 10 月，该股跌到了 52 美元，形成最低点，这个位置比 1923 年的最低点高 4 美元，表示该股在这个位置被良好支撑住。1930 年 4 月，该股反弹到了 73 美元。

有较少的几只石油股在 1929 年 7 月、8 月展开了反弹，但那时牛市行情已经接近尾声了，所以这些股票后来都展开了快速下跌。很明显可看到，除了较少的交易者，大多数交易者都在 1922年～1929年一直买入该板块股票，而他们得到大量收益的机会很少。假如交易者还买入该板块的股票，那么就会失去买入其他牛市龙头活跃股的机会。一直买入那些活跃的龙头股是非常有价值的，交易者们不可以迟疑，要当机立断，将资金从那些不活跃的股票换成活跃的股票。

公用事业板块

在 1929 年的牛市最后冲刺的时候，这个板块中的股票是龙头，一直持续到牛市的完结。这些股票都是晚涨股。其最终展开快速上涨是因为投资公司出现的大错误，就是在股票接近最高点的时候去买入做多。而在牛市最后阶段中，大部分股票都被做空的时候，大家也跟着去做多，这样就把这些股票拉升到了极高的位置，所以后面出现急速暴跌就会非常正常。

美国与外国电力（American & Foreign Power）——1925年9月，该股的最高点是51美元。1926年10月和11月，该股跌到了15美元。1927年和1928年的一部分时间，该股进行收集。1928年11月，该股向上突破了1925年的最高点51美元，这就表示该股还要大幅度上涨。1929年9月，该股涨到了最高点199美元。之后该股开始暴跌，1929年10月，该股跌到了50美元，这个位置和1925年的最低点一样，这就是个买点，止损在48美元。1929年12月，该股反弹到了101美元，接着又跌到了89美元。1930年2月，该股又涨到了101美元，并没突破这个顶部，这表示要去做空该股。1930年3月，该股跌到了83美元。

美国电力与照明（American Power & Light）——1924年11月，该股的最低点是38美元。1926年1月，该股的最高点是79美元。1926年3月，该股的最低点是49美元。之后该股进行收集，一直到1928年4月，该股突破了1926年的最高点80美元，在1928年5月的时候涨到了95美元。之后又进行调整和收集，在1928年12月，从76美元的位置开始上涨。1929年9月，该股涨到了最后的最高点175美元。这个顶部是个尖顶，就和美国与外国电力和美国工业酒精一样，也展开了快速下跌。该股在10月的时候跌破了154美元，这个位置低于9月的最低点，这就表示该股的大趋势已经转为下降了。假如我们已经做空了该股，那么就要进行加仓了。1929年11月，该股跌到了65美元。这个位置和1928年2月的最低点在一个位置，就是展开大规模上涨的起点，所以这个位置是个买点。1930年3月，该股反弹到了119美元。

布鲁克林联合天然气（Brooklyn Union Gas）——1924 年，该股的最低点是 57 美元。1925 年 11 月，该股的最高点是 100 美元。1926 年 3 月，该股的最低点是 68 美元。1929 年 8 月，该股涨到了历史极高点 248 美元，并且形成了一个尖顶，之后展开了急速暴跌，在 1929 年 11 月的时候，该股跌到了最低点 99 美元。1930 年 3 月，该股反弹到了 178 美元。这只股票是一只晚涨股，也是该板块最好的股票中的一只，在 1929 年恐慌的时候买入它还是不错的。

标准天然气与电力（Standard Gas & Electric）——1923 年，该股的最低点是 19 美元。1926 年 2 月，该股的最高点是 69 美元。1926 年 3 月，该股的最低点是 51 美元。然后这只股票就在一个狭窄的区域内运行，进行收集，一直到 1928 年底，展开了快速上涨。1929 年 9 月，该股涨到了 243 美元，形成最后的最高点。之后展开了急速暴跌，1929 年 11 月，该股跌到了 74 美元，形成最低点。之后开始反弹，在 1930 年 4 月反弹到了 128 美元。

这些晚涨股在牛市行情的最后一个阶段展开了快速上涨，表示我们一定要以最快的速度在牛市行情的最后阶段抛售手中的多头头寸，如果我们因为期望而继续拿着手中的股票，那么回报给我们的就是非常大的亏损。通过研究日线走势图，能够知道这些快速上涨的股票发生的趋势上的改变，让我们可以提早做出判断，抛售手中的股票转为做空。

橡胶和轮胎板块

在 1921 年～1929 年牛市的第一阶段里，这个板块里的股票并不是优秀的龙头股。1921 年～1923 年，这些股票都没能展开大幅度的上涨，在 1923 年和 1924 年一些股票还形成了比 1921 年还要低的最低点。

古德里奇（Goodrich）——这只股票在 1920 年和 1921 年形成的最低点都是 27 美元。1922 年 5 月，该股反弹到了 44 美元的位置。自 1919 年最高点暴跌了这么大幅度，这样幅度的反弹算是很少的。1922 年 11 月，该股跌到了最低点 29 美元。在小幅度反弹之后，又差不多跌到了 1921 年的最低点，这就表示了这只股票非常弱。1923 年 3 月，该股的最高点为 41 美元，这个位置比 1922 年的最高点要低。之后趋势转为下降，1923 年 10 月，该股跌到了 18 美元。这个位置比 1921 年的最低点还低，表示该股还是弱势。1924 年 1 月，该股反弹到了 26 美元，并没有向上突破 1920 年和 1921 年的最低点之上。1924 年 6 月，该股的最低点为 17 美元。9 月，该股向上突破了 26 美元这个最后的阻力位，也是顶部，大趋势就转为向上了，这就是一个买点。因为 1923 年和 1924 年该股形成了基本一样的最低点，所以我们可以在这个位置买入该股，但要在主趋势反转向上之后再去买入该股，等待着后面将要出现的快速上涨。1925 年 11 月，该股涨到了 74 美元的最高点。之后趋势反转向下，在 1926 年 11 月的时候，该股跌到了 39 美元。这时该股进行收集，大趋势又反转向上。1928 年 1 月，该股涨到了 99 美元的最高点。1928 年 6 月，该股跌到了 69 美元，这个位置和 1927 年 9 月~11 月的最低点是一样的。这只股票在这个位置被强劲地支撑住，而且重拾涨势。1928 年 12 月，该股最后涨到了 107 美元的最高点。这个顶部是个尖顶，在涨到顶部时候马上就跌了下来，而且一直下跌，在 1929 年 12 月，跌到了 39 美元的最低点。这个位置和 1926 年 11 月的最低点在一个位置，这个位置是个阻力位，我们要在这里买入做多该股，还要在 36 美元的位置设置止损。1930 年 3 月，该股反弹到了 58 美元。

固特异轮胎（Goodyear）——1921 年，该股的最低点为 5 美

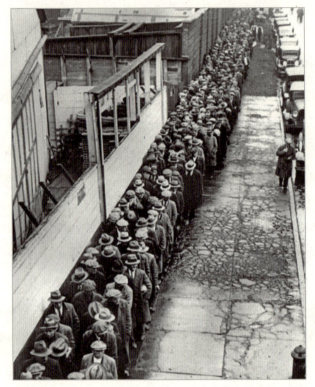

经济大萧条时期，失业者在领救济

元，之后该股上涨得很缓慢，在 1927 年的时候，该股展开了快速上涨。1928 年 1 月，该股涨到了 72 美元的最高点。6 月，该股跌到了最低点 45 美元。之后展开了一次快速上涨，在 1929 年 3 月的时候，该股形成了最高点，为 154 美元。这个顶部是个尖顶，之后就开始了急速暴跌。1929 年 10 月，该股跌到了 60 美元。之后展开了反弹，1930 年该股反弹到了 96 美元。

美国橡胶公司（U.S. Rubber）——1921 年，该股从 1919 年的最高点跌了 102 美元，到了 41 美元的最低点。1922 年 4 月，该股反弹到了 67 美元，大幅度的暴跌之后反弹的幅度非常小，这就表示该股很弱。1922 年 12 月，该股的最低点是 46 美元，这个位置比 1921

年的最低点要高，所有可以在这个位置买入该股做反弹。1923 年 3 月，该股涨到了 64 美元的最高点，这个位置比 1921 年的最低点要高，这就是个买点，买入后等待反弹。1923 年 3 月，该股的最高点为 64 美元，这个位置比 1922 年的最高点要低，表示该股要下跌。要牢记这条规则，就是当一只股票突破牛市第一年的最高点后，才能表示该股会大幅度上涨。

1924 年 4 月，该股创出新低，为 23 美元，在这个位置附近，该股在狭窄的区域内运行，进行收集。1925 年 1 月和 2 月，该股涨到了 44 美元，这个位置是个阻力位，是 1923 年 7 月 ~ 9 月的最低点。该股回调到 34 美元。在 1925 年 4 月，该股突破了 44 美元，这就表示该股是强势的，要进行加仓。1925 年 11 月，该股涨到了 97 美元的最高点，形成一个尖顶，之后就展开了快速下跌，主趋势也转为下降。1926 年 5 月，该股跌到了 51 美元的最低点。8 月，最高点是 68 美元。10 月，最低点是 52 美元，相比较前面 51 美元的最低点，这就是个买点，要设置止损在 48 美元的位置。

1927 年 3 月，该股反弹到了 67 美元的最高点，该股并没有涨过 1926 年 8 月的最高点，这就表示该股十分弱，之后趋势反转向下运行。1927 年 6 月，该股跌到了 37 美元的最低点。之后开始反弹，1928 年 1 月，该股涨到了最高点 63 美元，这个最高点又比上次的要低，又表示该股要向下运行。1928 年 6 月，该股跌到了 27 美元的最低点，在 1924 年的最低点上面 4 美元的位置止跌，表示该股被强力支撑住，这就是个买点。之后趋势转为上升，1929 年 3 月，该股涨到 65 美元的最高点，这个位置比 1928 年的最高点多 2 美元，没有超过 3 美元，表示该股会下跌；同时该股没有突破 1926 年和 1927 年的 67 美元、68 美元附近的最高点，也表示该股很弱，也是做空的标志，所以要做空。之后该股开始快速下跌，大趋势转为下降。

1929 年 5 月，该股跌到了最低点 46 美元。9 月反弹到了 58 美元。10 月，跌到了 15 美元的最低点，这个位置是从 1907 年的 14 美元的最低点之后最低的一个点了。这就是个买点，在 12 美元设置止损。之后该股开始反弹，1930 年 4 月的时候，该股涨到了 35 美元。在其他股票都在上涨的时候，该股是在下跌的，而且一直跌了 5 年，也就是说该股在 1925 年 11 月就展开下跌了。所以，这就是说，该股的抛售已经完成了，该股有可能在其他晚涨股下跌的时候展开上涨。事实上该公司被杜邦公司控股，这也是该股会在几年后展开大幅度上涨的理由。该股或许在 1932 年要大幅度上涨，这只股票是该板块中最应该买入的。

钢铁板块

伯利恒钢铁（Bethlehem Steel）——我以前说过，在一只股票发生大幅度上涨之后，想要再次成为龙头股并再次大幅度上涨，也许会需要许多年。1907 年，该股的价格为 8 美元。1916 年生产迅速的战争年代，该股的价格是 700 美元，这时该股进行分红和拆股。1921 年，新股的最低点是 40 美元，1922 年涨到了 79 美元，然后大趋势就反转向下了。1924 年，该股跌到了 38 美元的最低点，然后反弹到了 53 美元。1925 年 6 月，该股跌到了 37 美元，这个位置接近 1924 年的最低点 38 美元，这个位置是买点。1925 年 11 月和 12 月，该股反弹到了 50 美元。1926 年 4 月，该股跌到了支撑位 37.5 美元，我们要在这个位置买入做多，止损放在 35 美元的位置。1926 年 8 月，该股涨到了 51 美元，并没突破 1925 年 1 月的 53 美元的最高点，又表示该股还未准备好展开大幅度上涨。1926 年 9 月、10 月和 1927 年 1 月，该股的价格为 43.5 美元，这表示该股在高一些的

位置被支撑住，表示该股较强，准备好展开大幅度上涨了。1927年
4月，该股突破了以前的53美元的最高点，大趋势转为向上运行，6
月出现了回调，跌到了46美元。之后在9月涨到了66美元。10月，
该股回调到了49美元。1928年4月，该股涨到了69美元，这又表
示还可以上涨。1928年6月，该股最后回调到了52美元。从这个位
置开始，展开了大幅度上涨，1929年8月，该股涨到了最高点140
美元。和全部晚涨股相同，这只股票也是先形成尖顶，然后展开了
快速下跌，1929年11月，该股跌到了79美元。1930年4月，该股
反弹到了110美元。因此可以发现，该股在上次牛市里是只龙头股，
但它在1929年的牛市里却是只晚涨股。在美国钢铁公司和美国铸铁
管在1921年～1929年牛市初期就成为龙头股一直上涨的时候，该股
只是在一个狭窄的区域内横向整理，就像从该股的走势图中看到的，
1921年～1927年，该股都没表现出要上涨的样子。

我们要知道如何解读走势图，在确定一只股票的趋势之后再去
买入它。只有当一只股票变得活跃，而且突破了以前的阻力位之后
再去买入它。这么做才能够防止被那些不活跃的股票套住，也能够
赚到快钱。

科罗拉多燃油与铁矿（Colorado Fuel & Iron）——假如我们
认真研究了这只股票在最低点的运动，而且应用了所有的交易规则，
那么该股就成为我们在1929年恐慌性暴跌之后，最应该买入做反弹
的股票之一。有这样几个原因：1927年7月，该股形成了最高点，
所以该股在1929年形成最低点的时候，跌了2年多了，一定会比美
国钢铁公司的抛售盘要少，也会出现更为快速的上涨（美国钢铁公
司只在1929年9月形成了最高点，只跌了2.5个月）。1929年11月
13日，该股跌到了28美元形成最低点，这个位置和1926年3月26
日的最低点在一个位置。而美国钒钢比1926年3月的最低点要高

8.5 美元，所以，这就表示了它被强力地支撑住了，比该股还要强。
1929 年 12 月 9 日，该股反弹到了 39 美元，12 月 20 日和 23 日，该
股又跌到了 32 美元，形成了上移的最低点，表示该股在这个位置被
很好地支撑住，要买入做多。11 月 23 日~12 月 28 日结束的那几个
星期，该股一直在 31.5 美元~32 美元区间内运行，这就表示该股
在这段时间里都被很好地支撑住。1930 年 1 月上旬，这只股票突破
了 1929 年 12 月 9 日的最高点 40 美元，之后就开始上涨了，还一直
形成依次上移的最高点和最低点，在 1930 年 4 月的时候，该股从 11
月形成的最低点一共涨了 48 美元，涨到了 76 美元，而美国钒钢从
最低点涨了 87 美元。在这段时间里，美国钢铁公司只涨了 42 美元。
其中的一个原因就是美国钢铁公司的成交量超过了 800 万，这就需
要非常大的买盘和大财团才能拉升该股。而在使该股上涨时遇到的
抛压，肯定会比美国钢铁公司这样的股票小很多。

熔炉钢铁（Crucible Steel）——这只股票是"战争的宠儿"，
1915 年，该股的价格为 110.875 美元。1917 年，该股跌到了 46 美元。
1918 和 1919 年，该股的最低点为 52 美元。然后在 1919 年牛市的时候，
该股展开了大幅度上涨，最后在 1920 年 4 月，形成了最后的 278.75
美元的最高点。（图 8）认真分析下该股的年线走势图，就可以看到
该股是怎样在几年的时间里进行收集的，然后又是怎样突破前面的
阻力位，表现出要大幅度上涨的。1920 年 4 月，该股形成了最高点，
同时进行了分红。1921 年 8 月，新股的价格为 49 美元。这只股票是
1921 年 8 月 25 日左右最后形成最低点的股票中的一只。1922 年 9
月，该股涨到了 98 美元。之后大趋势反转向下，1924 年 5 月，该股
跌到了最低点 48 美元，这个位置比 1921 年的最低点低 1 美元，所
以这就是一个买点，而这只股票又跌回到了这个位置，就表示该股
不会再次是 1921 年~1929 年牛市的早期龙头股了，原因就是该股在

1919 年牛市里是关键的龙头股。之后这只股票上涨得很慢，1927 年 3 月的时候，该股涨到了 96 美元，然后又跌到了 80 美元。1927 年 8 月~10 月，该股又涨到了 96 美元，但它没有突破 1921 年牛市第一年形成的最高点。1928 年 7 月，该股跌到了 70 美元，之后运行得非常缓慢，而且并不活跃，还进行收集。之后该股的主趋势向上运行，在 1929 年 8 月的时候形成了 121 美元的最高点。该股是一只牛市末期的晚涨股，所以也会形成尖顶，之后就展开了快速暴跌，1929 年 11 月，该股跌到了 71 美元，这个位置和 1928 年 7 月的最低点只差了不足 1 美元，所以这又是个买点，不要忘记设置止损。也许大家会问这样的问题，该股为什么不是 1921年~1929 年牛市的龙头股？就是因为该股是 1915 年和 1916 年的龙头，然后又是 1919 年和 1920 年的龙头，还涨到了 278 美元的极高点，同时在这个位置进行了拆股，所以，我们就不能期望着该股会成为下次牛市中的龙头，并且可以大幅度上涨了。俗话说"人人皆有得意时"，股票也是这样的。该股是只优秀的股票，在当时它已经辉煌过了，而它也进行了拆股和派发。我们要一直注意那些有机会的新股和还没成为过龙头股的股票。要防止被套牢，当走势图告诉我们一只股票以前是龙头股，就别想着它可以在后面一次又是龙头股。要依照走势图来进行研究。

共和钢铁（Republic Iron & Steel）——这只股票是 1919 年牛市中的一只晚涨股。1919 年 11 月，该股形成了最高点 145 美元。1921 年 6 月，该股跌到了 42 美元。1922 年 5 月，该股涨到了 78 美元。1922 年 11 月，该股又跌到了 44 美元，这个位置比 1921 年的最低点多 2 美元，这就是支撑位，也是买点，买入后要设置好止损。1923 年 3 月，该股涨到了 66 美元，它没有涨过 1922 年的最高点，这就表示了该股很弱，同时该股也不会再成为龙头了。1923 年 6 月，该股跌到了 41 美元，这个位置比 1921 年 6 月的最低点低 1 美元，这个位置是个支撑位和买点，而这也表示该股还没准备展开大幅度上涨。1924年2月，该股涨到了61美元，又形成了一个比上个最高点要低的最高点。1924年6月，该股又跌到了42美元的位置，这是个买点。8月，该股涨到了50美元。10月，该股又跌到了42美元的支撑位。在支撑位去买入一只股票不会出现错误的，除了该股已经跌破了前面最低点下面3美元的位置。前面最低点是42美元，下面3美元的位置就是我们设置止损的位置。1925年1月，该股涨到了64美元。1925年4月~6月，该股又跌到了43美元，又在这个位置被支撑住，这还是可以买入做多的地方，止损在39美元的位置。1926年1月，该股涨到了最高点63美元，并没突破1925年的最高点。1926年5月，该股又跌到了44美元，在这个比前面最低点高一点的位置被支撑住，这就表示只要该股不跌破这个支撑位，在后面该股肯定会有大幅度上涨。1926年8月，该股的最高点是63美元，还是没有突破前面1925年和1926年1月形成的最高点。

从这可以发现，1921年~1926年的时候，该股的最低点都形成在41美元~44美元附近。1923年~1926年，该股的最高点都形成在63美元~66美元附近。这就表示这只股票每次跌到44美元的时候都会被支撑住；而该股涨到63美元的时候都会有人抛售，不让该股上涨。1927年2月，该股终于突破了66美元，3月的时候涨到了75.75美元，形成最高点，但还是没有突破牛市第一年1922年形成的78美元的最高点。所以，假如这只股票可以涨过78美元，就表示该股会大幅度上涨。1927年3月，该股的大趋势转为下降，1928年6月的时候，又跌到了50美元的最低点，从这个位置开始了一次快速上涨。1928年9月，该股涨过了78美元，这个位置就是个加仓点。之后继续上涨，1929年10月，该股涨到了146.75美元的最高点，这个位置比1919年的最高点多2美元。这时就要在这个1919

年最高点的位置抛售并且转为做空，还要在上面 3 美元的位置设置好止损，后面的行情证实，这个止损不会被执行。之后该股展开了快速下跌，1929 年 11 月，该股跌到了 63 美元，在这个价格被支撑住；而这个位置恰好是该股在前面上涨时，反弹到这个位置的卖点。1930 年 4 月，该股反弹到了 82 美元。

美国管材与铸造（U.S. Pipe & Foundry）（图 2）——这只股票的前身是美国铸铁管，1921 年～1929 年牛市里，该股是只优秀的早期龙头股，是因为下面几个原因：

1. 这只股票很多年在进行收集；

2. 该股只有 12 万股，而且很多都不是流通股，被少数投资者持有；

3. 该公司盈利很好，而且大财团很容易就能拉升该股。在这样的股票处于上升趋势中做空它是非常危险的。

1921 年 8 月，该股的最低点是 12 美元。1922 年 1 月，该股的趋势反转向上运行，1922 年 8 月，该股涨到了最高点 39 美元，这个位置和 1919 年的最高点一样，站在除了 1906 年的 53 美元的最高点之外全部最高点之上。1923 年 7 月，该股形成最后的最低点 20 美元，这个位置比 1922 年的最低点多 3 美元，表示该股在这个位置被很好地支撑住，这也是个买点。之后该股又反转向上运行，1923 年 10 月，该股突破了 1919 年和 1922 年形成的最高点 40 美元，在这里要进行加仓，并通过金字塔加仓法一直跟进该股，原因是该股现在非常强势了，还非常活跃，一直形成依次上移的顶部和底部。1923 年 11 月，该股突破了 53 美元的最高点，并且涨到了 58 美元，这个位置比那时的 1906 年的历史最高点还高 5 美元，这时就要进行加仓。之后该股就没跌回 53 美元，一直到了 1925 年 2 月，该股涨到了 250 美元，然后就开始快速下跌，1925 年 4 月的时候，该股跌到了 132 美元。然后该股的趋势再度反转向上运行，1925 年 11 月，该股涨到了 227 美元。1926 年 5 月，该股跌到了 150 美元，被支撑在这个位置，这个位置比 1925 年 4 月的最低点高了 18 美元。

周线走势图表示，该股在这个位置被支撑住，已经形成最低点。之后该股又重拾涨势，1926 年 8 月，该股涨到了 248 美元的最高点，这个位置只比 1925 年 2 月的最高点低了 2 美元。在这个位置就要抛售并且做空了，止损就放在 253 美元。之后，该股展开了急速下跌，1926 年 10 月，该股跌到了 191 美元。日线和走线走势图都表示该股已经形成了最低点。1926 年 12 月，该股涨到了 239 美元。1927 年 1 月，该股跌到了 202 美元。2 月，该股反弹到了 225 美元。3 月，该股跌到了最低点 207 美元，这就形成了上移的底，表示该股要继续上涨。之后继续上涨，1927 年 5 月，该股形成最高点 246 美元，这个位置只比 1926 年 8 月低了 2 美元。在这个位置，该股进行了大量地派发，这也是个做空点。

1927 年 7 月，该股跌到了 191 美元的最低点，这个位置和 1926 年 10 月的最低点一样，所以这就是个买点了，止损要放在 188 美元。之后该股开始反弹，1927 年 12 月形成了最高点 225 美元。1928 年 2 月，该股跌到了 191 美元，这是该股第三次跌到这个位置了，这时就要进行空头回补，转而做多，止损要放在 188 美元。该股之后快速上涨，1928 年 5 月，该股突破了 1925 年 5 月的最高点 250 美元，涨到了 253 美元，这就表示该股要大幅度上涨了，就算价格已经这么高了，我们还是要进行加仓。1928 年 4 月，该股涨到了 300 美元的最高点，之后就展开了暴跌，1928 年 6 月，该股跌到了 230 美元。之后该股进行分红，1928 年 12 月，新股的价格为 38 美元，之后反弹到了 48

美元。1929 年 2 月，跌到了 38 美元，这就形成了双底。1929 年 3 月，该股形成了最高点 55 美元。在这个位置受到了强大的抛压，之后就展开了快速下跌。该股的大趋势向下运行，在 1929 年 11 月的时候，该股跌到了最低点 12 美元，这和 1921 年 8 月的最低点一样，所以这就是一个买点。1930 年 4 月，该股反弹到了 38 美元。

美国钢铁公司（U.S. Steel）（图 15）——这只股票一直都是值得买入的，原因是该股比别的股票在顶部或者底部运行的时间要长，这样交易者就有更多的时间去进行交易和设置止损。所以，我们要去认真分析该股的年线走势图，还要根据本书后面数据的内容制作月线走势图。

在 1921 年 ~ 1929 年牛市里，该股是一只早期龙头股，也是只晚期龙头股。在 1921 年 ~ 1929 年这 8 年中，该股运行了三次关键的运动，也就是三次关键的牛市行情。1921 年 6 月，该股的最低点是 71 美元，当年的最高点是 86 美元，1921 年 7 月 ~ 8 月，该股在一个幅度为 4 美元的狭窄区域内运行，进行了大量地收集。6 月之后，该股每月依次形成不断上移的顶部和底部。1922 年 1 月，该股突破了 1921 年的最高点 86 美元，这就表示该股会大幅度上涨。1922 年 10 月，该股首次形成最高点 111 美元，之后又跌到了 100 美元。1923 年 3 月，该股反弹到了 109 美元，这个位置没有涨到 1922 年 10 月的最高点，就表示该股已经可以做空了。之后该股的大趋势反转向下运行，1923 年 7 月的时候，该股跌到了 86 美元，在这个位置运行了 4 个月，这表示这个位置的支撑很好，该股进行了大量的收集。这时要买入该股，在 83 美元的位置止损。

1923 年 11 月，该股开始上涨，在 1924 年 2 月涨到了 109 美元，形成了最高点，这个位置和 1923 年 3 月的最高点一样，所以可以在这里做空该股，止损放在 112 美元。1924 年 5 月和 6 月，该股开始

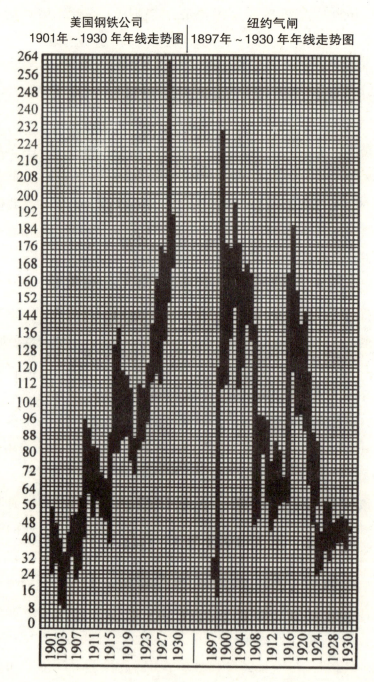

美国钢铁公司　　　纽约气闸
1901年～1930年年线走势图　1897年～1930年年线走势图

图 15

下跌，2个月都在 95 美元的最低点运行。日线和周线走势图都表示该股在这个位置进行了收集。1924 年 7 月，该股大趋势反转向上运行，在 8 月的时候涨到了 1923 年 3 月的最高点 111 美元。1924 年 10 月，该股小幅度回调到了 105 美元。11 月，该股突破了 112 美元，这个位置就要进行加仓，为了在后面的上涨中继续盈利。1925 年 1 月，该股的最高点是 129 美元，这个位置有大量的抛压。3 月，该股跌到了 113 美元。4 月也在一样的位置形成最低点。5 月和 6 月，形成的最低点比前面高 1 美元，这表示了该股在这个位置被很好地支撑住了。7 月，该股重拾上升趋势，1925 年 11 月，该股涨到了 139 美元，形成了历史极高点，这个位置比 1917 年的最高点多 3 美元，表示该股之后还会继续上涨，但是抛售影响了该股的上涨，该股在这个位置运行了 3 个月，最后开始下跌，在 1926 年 4 月跌到了 115 美元。在这个位置该股进行了大量的收集。6 月，大趋势转为上升，之后就展开了快速上涨。在该股突破 140 美元的时候就要进行加仓了。

1926 年 8 月，该股涨到了 159 美元形成了最高点。这个地方是个尖顶，而且成交量非常大，之后就展开了急速下跌。1926 年 10 月，该股跌到了 134 美元的最低点，之后出现了较多的买入，然后继续恢复涨势。1926 年 11 月，该股进行了 40% 的分红，之后老股在 1927 年 5 月涨到了 176 美元的位置。1926 年 12 月，新股开始进行交易，价格为 117 美元，在 1927 年 1 月的时候跌到了 111.25 美元。这里是个支撑位，原因是 1925 年 3 月和 4 月都在 113 美元的位置形成了最低点。之后该股在这个位置进行了 3 个月时间的收集，1927 年 3 月，该股涨到了 161 美元，形成了最高点，这个位置没有超过之前最高点 3 美元之上，就表示该股要做空了。之后该股展开了快速下跌，10 月的时候，该股跌到了 129 美元。这是持续 1 个月的下跌，之后的 1 个月形成了上移的底部。1927 年 12 月，该股涨到了

159 美元形成最高点，这个位置要再做空。之后该股跌到了 138 美元。1928 年 4 月，该股反弹到了 154 美元，没有突破 1927 年 12 月的顶部，要再做空它。

1928 年 6 月，该股跌到了 133 美元，这个最低点比 1927 年 10 月形成的最低点多 3 美元，表示该股很强。之后该股展开快速反弹，8 月的时候趋势反转向上了，该股突破了 154 美元和 155 美元的最高点，在 1928 年 11 月的时候涨到了 172 美元。之后在 1928 年 12 月的时候，该股跌到了 150 美元。这次下跌是快速下跌，之后又展开了快速上涨。1929 年 1 月，该股涨到了 192 美元形成最高点。2 月，该股回调到 169 美元。3 月，该股涨到了 193 美元，这个位置只比 1 月和 2 月的最高点多 1 美元，就表示在这个位置受到了强大的抛压，所以要做空该股，止损要放在上面 3 美元的位置。之后该股开始下跌，1929 年 5 月的时候，该股跌到了 162.5 美元，形成了最低点。在下跌最后的一个星期里，市场非常不活跃，而且幅度很小，这周的成交量只有 22 万股。

1929 年 6 月 8 日结束的那周，该股的最低点是 165 美元，最高点是 171 美元，之后的一个星期，最低点和上周一样，也是 165 美元，这就表示该股在这个位置被很好地支撑住了，这也是第二次周线形成了上移的底部。这周的最高点是 177 美元，又表示趋势是上升的。成交量的加大，表示有大量的买入。7 月 13 日结束的那个星期，该股突破了 193 美元，创出新高。这就是个要进行加仓的位置，原因是该股的成交量一直加大，市场很活跃。之后的一周，该股形成上移的顶部和底部。8 月 10 日和 8 月 17 日结束的那两周，成交量都突破了 200 万股。8 月 24 日，该股形成首个最高点 260.5 美元，这周的成交量是 80 万股。之后该股快速下跌，跌到了 251.5 美元，这周的成交量只有 39.1 万股。之后该股展开了快速反弹，最后在 1929

年9月3日涨到了261.75美元，形成了最高点。这次，该股并没有涨到8月24日的最高点上方3美元以上，表示该股会下跌。该股在后面一个星期里快速下跌到了246美元，这周的成交量是56.1万股，比它从260.5美元跌到251.5美元的那周多了17万股。这就表示要做空了，在价格跌破了251美元的时候，就要加仓做空，原因是这次从该股在162.5美元之后，首次跌破周线的最低点。1929年9月3日，该股形成了最高点，成交量是12.9万股。这就表示该股在这么高的位置上买方的力量已经很小了，这就表示空头在回补，专业人士在做空，大家在买入。

1929年10月3日，该股跌到了206.5美元。之后展开了快速反弹，1929年10月11日，该股涨到了234美元。这次反弹只是一周的反弹，之后的一周该股就因强大的抛压而跌到了208美元。这个位置只因为空头回补的原因展开了一次幅度小的反弹。1929年10月29日，该股跌到了162.5美元，日成交量为30.7万股。之后开始快速反弹，10月31日，该股反弹到了193.5美元，日成交量为10万股，当日波幅为5.5美元，之后开始下跌，11月13日，该股跌到了150美元，日成交量为9.7万股，这个成交量很小，表示该股的抛售已经结束。之后展开了快速反弹，10月21日，该股反弹到了171.5美元。12月2日，该股跌到了159.25美元。之后上涨突破了10月21日的172美元的最高点。12月9日，该股涨到了189美元，形成最高点，日成交量是35.5万股，这是10月24日之后最高的日成交量，这表示这个位置的抛压很大，要出现回调了，特别是这只股票从最低点反弹了39美元。事实上，该股并没突破10月31日的193.5美元的最高点，就表示该股要下跌了。之后开始了快速下跌，12月23日，该股跌到了156.75美元，日成交量是11.1万股，这个数字不大，表示该股的抛售已经结束了，形成了最低点。这个位置要比11月13

日的底部要高，表示该股在这里被很好地支撑住。之后该股展开上涨，日线趋势转为向上。1930 年 1 月上旬，周线转为上升趋势。2 月 14 日，该股涨到了 189 美元的最高点，这个位置和 12 月 9 日的最高点一样，日成交量是 15.4 万股。之后开始回调。2 月 17 日，该股跌到了 184.5 美元。2 月 18 日，该股反弹到了 189.5 美元，日成交量是 12 万股，并没有突破前面的最高点，表示该股很弱，之后就开始下跌了。2 月 25 日，该股的价格为 177 美元。3 月 1 日，该股反弹到了 184 美元。3 月 5 日和 6 日，该股跌到了 178.75 美元。3 月 7 日，又反弹到 184 美元形成最高点。3 月 14 日，该股跌到了 177.75 美元，这个最低点要比 2 月 25 日形成的最低点 177 美元高。之后该股开始反弹，3 月 19 日的时候，该股涨到了 188.25 美元，日成交量是 17.9 万股。3 月 20 日，该股的最高点是 188.5 美元，日成交量是 6.7 万股。3 月 21 日，最高点是 191 美元，日成交量是 18.6 万股。这个日成交量是最近这段时间的最高日成交量。因为突破了 1929 年 12 月 9 日的 189 美元的最高点和 1930 年 2 月 18 日的 189.5 美元的最高点，这就表示该股会在回调之后继续上涨。3 月 24 日，该股的价格为 192.25 美元，日成交量是 12.69 万股。3 月 25 日，该股涨到了 193.25 美元的最高点，日成交量是 8.36 万股。3 月 27 日，该股跌到了 189.5 美元，因为没跌到 1929 年 12 月 9 日的最高点 189 美元和 1930 年 2 月 18 日的最高点 189.5 美元，就表示该股被支撑住了，要继续上涨。4 月 7 日，该股涨到了 198.75 美元，日成交量是 10.6 万股。4 月 8 日，该股跌到了 193.25 美元，日成交量是 11.4 万股。4 月 10 日该股涨到了 197.875 美元，日成交量是 10.3 万股。因为没有突破 4 月 7 日的最高点，还这么接近 200 美元这个整数位，所以一定会有很多抛压，表示之后要回调了。假如该股可以涨过 200 美元，就表示该股还会上涨。4 月 3 日，该股的最低点是 192.58 美元。4 月 8 日的最低点是 193.25 美元。假如该股在突破 200 美元以前跌破了这两个位置，就表示该股要下跌了。

美国钒钢（Vanadium Steel）——这只股票在 1921 年～1929 年的牛市里走得很慢。假如某只股票长时间运行得都非常慢，但它又一直形成不断上移的顶部和底部，那么这只股票早晚都会展开疯狂的快速上涨行情。空头回补和大家买入之后，该股就会进行快速上涨。这样的快速上涨相当于打广告一样，让大家在快涨到最高点的时候买入该股，要牢记，快速上涨的目的就是为了可以更高地卖出股票，也要牢记，在出现抛售之后，股价就下跌，所以止损永远不要忘记，还要在大趋势转换之后，改变自己做交易的思路，是多还是空。美国钒钢这只股票是在 1919 年底才初露锋芒的新股，该股在 1920 年 4 月涨到了 97 美元的最高点。之后在 1924 年 6 月的时候跌到了 20 美元。之后该股展开了上攻，一直形成上移的顶部和底部，在 1928 年 1 月的时候突破了 60 美元。1929 年 2 月，该股涨到了 116 美元，形成最高点，1929 年 11 月，该股跌到了 37.5 美元的最低点。假如我们认真分析了这个板块，想从这个板块中选出最好的股票，那么根据《股价的秘密》这本书里的规则，就要选择该股（图 14）。

1929 年 11 月，该股的最低点是 37.5 美元，这个位置和 1926 年 11 月和 1927 年 1 月的最低点 37 美元在一个位置，在该股跌到 37 美元的时候，就展开了大幅度上涨。之后该股非常活跃，而且一直上涨，在 1929 年 2 月的时候形成了 116 美元的最高点。另一个要买入该股的因素就是，该股在 1919 年的底部要比 1926 年 3 月 26 日恐慌性暴跌后的底高了 8.5 美元，预测出该股已经形成了最低点，买入的另一个理由就是，1929 年 2 月的时候，该股形成了最高点，比其他股票在 1929 年 8 月和 9 月才形成顶部都要早。所以，这只股票下跌的时候比别的股票提前了 8 个月，所以肯定要提前展开反弹，还会在下次行情中成为龙头股。要选择买入它，等待它上涨的另一个有说服力的理由就是，该股的流通股仅仅有 30 万股左右。这么少的流通股就使得该股被拉升非常容易了；而美国钢铁公司有 800 万股流通股，和它相比，很明显就发现了该股的优势。另一个理由是，该公司垄断了钒。

1925 年 5 月，该股从 116 美元跌到了 68 美元的最低点。1929 年 9 月，该股从 68 美元反弹到了 100 美元。11 月，该股又从 100 美元跌到了 37.5 美元。之后该股应该是反弹到 1929 年 5 月的 68 美元最低点附近，但我们需要看一下该股最后展开下跌的位置。10 月 29 日，就是展开恐慌性暴跌的那天，该股跌到了 48.5 美元。10 月 31 日，该股反弹到了 62 美元，之后从这个位置开始下跌，在 11 月 13 日跌到了 37.5 美元。之后在 12 月 9 日反弹到了 61.5 美元，并没有突破 10 月 31 日的最高点。假如它可以突破这个位置，就表示该股会大幅度上涨。从 12 月 9 日的最高点展开了一次下跌，12 月 20 日，该股跌到了 44.5 美元，形成的最低点比前面的高，这就表示这只股票是可以买入的，也是值得的，原因是该股在次级调整时，没跌到前一个最低点的位置。12 月最低点以后，该股在日线走势图里一直形成依次上移的顶部和底部。

1930 年 1 月 25 日，该股涨到了 51.5 美元，并且收在了最高点，日成交量为 1.6 万。1 月 27 日，该股突破了 1929 年 10 月 31 日和 12 月 9 日形成的 62 美元的最高点，当日涨到了 64.25 美元，收在了最高点，成交量为 2.5 万，这就表示该股在上涨的时候，买方力量增大。1 月 30 日，该股涨到了 69.5 美元，形成了最高点。2 月 4 日，该股下跌 7 美元，跌到了 62.5 美元，这是该股从 44.5 美元最低点展开上涨之后首次出现幅度这么大的回调。之后，该股又重拾涨势，2 月 14 日的时候，该股涨到了 73.5 美元的最高点，日成交量为 3.4 万，这个数字是这个月最大的日成交量了，这表示这只股票已经形成了最高点，将要下跌了。2月25日，该股跌到了65.5美元。在最低点的位置时，这只股票的成交量只有7700，表示该股的抛压已经没有了，这表示这个位置是个支撑点，我们要在这个位置买入做多该股。该股从最高点下跌了8美元，这只比1930年1月30日~2月4日的回调多1美元。之后该股又展开上涨，每天都走出依次上移的顶部和底部，3月6日的时候，该股突破了74美元，日成交量为2.6万股。这个位置在2月14日最高点的上面，这表示了该股会大幅度上涨。下一个需要注意的价格是1929年10月11日反弹的最终的最高点86.5美元，那时就是在这个位置展开了大幅度下跌。3月10日，该股涨到了88.5美元，日成交量为2.8万股，收在了86.5美元。这个位置突破了1929年10月11日的最高点，这就表示了该股还会上涨。在涨到了88.5美元以后，该股以前在1930年3月12日回调到82美元，又在当天上涨，涨到了92.5美元，日成交量是2.8万股。要小心的下一个位置是1929年3月和4月展开反弹后形成的100美元的最高点，那时该股在这个位置展开了一次快速回调，又在1929年9月13日涨到了100美元，日成交量达到了5.9万股，然后又开始了快速下跌。1930年3月21日，该股突破了100美元，日成交量为4.68万股。在突破了100美元之后，下一个关键的最高点就是1929年2月9日创出的116美元的极高点。1930年3月25日，该股突破了1929年形成的116美元的极高点，创出了历史极高点124.5美元，日成交量为5.45万股，当天开盘于118美元，涨到了124.5美元，又跌到了114美元，从最高点跌了10.5美元，并收在这个价格。这就表示该股很弱了，要下跌了，这么大的成交量也表示该股正在被大量地抛售。虽然这样，但我们不要忘记这个事情，月线、周线和日线走势图还表示该股的大趋势是向上的，而之前的回调都没有大于 7.5 美元，这次的回调在一天的时间里就到了 10.5 美元，这就表示该股的抛压非常之大。

我们一定要关注股票在运行到极高点和极低点时的成交量，通过比较就可以确定股票是不是形成了最高点和最低点。1929 年，这只股票的最大日成交量是 2 月 7 日的 6.88 万股。2 月 8 日，该股形成了当年的最高点 116 美元，成交量为 4.38 万股。两天加在一起就是 10.8 万多股。这表示在这个位置出现了巨大的抛售，该股已形成了最高点。2 月 9 日结束的那个星期，该股的周成交量为 17.58 万股。因为该股的流通股只有 30 多万股，这个数字已经非常大了，表示有大于 2/3 的股票被换手。这就表示该股要做空。

另一个要分析成交量的关键位置就 1929 年 9 月 14 日结束的那个星期，那周该股涨到了 100 美元，周成交量是 13.84 万股，特别是因为该股的大趋势已经下降了，这表示该股形成了最高点，要做空了。10 月 26 日结束的那个星期，周成交量是 5.64 万股。11 月 2 日结束的那个星期，周成交是 5.06 万股。11 月 9 日结束的那个星期，周成交量是 1.72 万股。11 月 16 日结束的那个星期，周成交量是 2.9 万股。要留意一下，这只股票在形成最后的最低点的两个星期里，成交量都特别小，这就表示该股的抛售已经完成。12 月 2 日结束的那个星期，周成交量是 3.1 万股。12 月 14 日结束的那个星期，周成交量是 2.1 万股。12 月 21 日结束的那个星期，该股跌到了 44.5 美元，成交量只有 1.9 万股。因为该股形成的最高点依次上移，这就表示该股的抛售盘很少，被很好地支撑住了。在之后的 3 周里，周成交量只有 1.2 万股~1.3 万股，这就表示有人正在大量地收集。在该股重拾涨势的时候，成交量也随之而增加。1930 年 3 月 8 日结束的那个星期，该股的最高点是 78 美元，周成交量是 8.4 万股。3 月 15 日结束的那个星期，该股的最高点是 96 美元，周成交量是 14.5 万股。

3月22日结束的那个星期，该股的最高点是107美元，周成交量是16.5万股。3月29日结束的那个星期，该股的最高点是124.5美元，周成交量是20.6万股，这个数字是1929年2月9日之后最大的周成交量了。这周的成交量大于历史最大的周成交量，表示大量的股票正在被抛售，为了得到利润，这时最好是要小心谨慎，关注该股展开的回调。

1929年11月13日～1930年3月25日，该股一共上涨了87美元。留意股票在上涨的时候，在任何位置展开回调的最大幅度，或者在下跌的时候在任何位置展开反弹的最大幅度，是很有价值的。这只股票首次出现快速反弹的回调的幅度是最大的，就是1929年12月9日最高点61.5美元开始回调，12月20日结束于44.5美元的那次，回调了17美元。之后回调的幅度就是7美元～8美元，表示该股被支撑住了，不能再发生这么大幅度的回调了。这也是表示牛市的信号。因为该股在1930年3月25日跌了10.5美元，之后要留意的就是从124.5美元的最高点回调17美元的位置，也就是107.5美元，该股也许会在这个位置形成最低点开始反弹。假如该股从这个最高点或者其他的最高点回调超过了17美元，那么之后要留意的关键就从最高点回调22美元～25美元了。关注回调的时间同样重要。该股回调7美元～8美元要花费7天～10天，也就是说，回调的周期不可以大于7天～10天。该股在3月25日涨到了最高点124.5美元，在当天就跌了10.5美元，这就表示这只股票很弱了，特别是那时的成交量非常之大。之后该股开始下跌，4月5日的时候，该股跌到了103.5美元，从最高点跌了20美元。4月11日，该股反弹到了117.5美元。之后要注意的关键位置是124.5美元。假如该股可以突破这个位置，就表示该股还会上涨，可能涨到150美元；但假如该股跌破了前面的支撑位103.5美元，就表示该股还会下跌。但别忘了，1930年该股创出了历史极高点，而且大趋势是上升的，所以，我们在确认这只股票形成最高点以前要留意该股的派发。

百货板块

珠宝茶具百货（Jewel Tea）——这只股票在1921年～1929年牛市里的运行很慢，是只晚涨股，该股在收集结束后才展开了大幅度上涨，其间出现过几次小幅度的回调，该股是可以在1925年～1929年中通过金字塔加仓进行跟进的股票。1925年11月，该股跌到了15美元，形成了最低点，之后就一直上涨，在1928年11月，该股涨到了179美元，形成最高点，一共涨了164美元，在上涨期间没有过持续2个月比前一个月的底部低的情况，也没出现一个月比前一个月的底部低过5美元的情况。在这期间，该股的大趋势一直都是上升的，所以交易者没有任何根据去卖出该股。假如我们依照每涨10美元就加仓一次，想象一下吧，我们可以通过金字塔加仓法得到多少收益。假如我们一直在前一个月底部下面5美元的位置设置好止损，那么这个止损将一直不会被执行，一直到该股趋势转为上升后涨了164美元的时候。

珠宝茶具百货在展开大行情前，在每个最低点进行收集长达6年的时间。（图6为该股在1916年～1930年的年线走势图和1920年～1930年的月线走势图）。1916年，该股涨到了96美元，形成了最高点，但并没在1919年的牛市里上涨，它的趋势转为下降，1920年12月，该股跌到了3美元，形成了最低点。关注每年的最高点和最低点是非常重要的。1920年，该股的最高点是22美元，最低点是3美元。1921年，该股的最高点是12美元，最低点是4美元。1922年，该股的最高点是22美元，最低点是10美元。1923年，该股的最高点是 24 美元, 最低点是 16 美元。1924 年, 该股的最高点是 23 美元, 最低点是 17 美元。1925 年该股的最低点是 26 美元, 最低点是 17 美元。可以发现, 该股每年形成了依次上移的底部, 表示该股的支撑很强, 也表示该股最后一定会大幅度上涨。要留意, 1920 年和 1922 年的最高点一样, 都是 22 美元, 依照我的交易规则, 一只股票一定要超过牛市第二年形成的最高点上面 3 美元, 才表示该股还会上涨。所以, 该股要上涨到超过 25 美元的时候, 才可以表示该股已经突破了阻力, 后面还可以上涨。1922 年~1925 年底, 该股在大多数时间内都在 16 美元~23 美元的区域运行, 所以, 就算我们在最低点做多, 最高点做空也得不到多少利润。假如我们在最低点附近买入该股, 想长时间持有该股进行投资, 那么长达 6 年的等待时间就会让我们失去信心, 这是因为我们会失去很多原本可以买入其他龙头股, 得到大量利润的机会, 最终也许我们会由于失去了耐心而抛售该股。在这只股票在 10 美元附近运行的时候, 其他大多数的股票都上涨了 50 美元~300 美元了。我们要使用什么规则, 才可以把握好大幅度上涨的机会, 还不需要多年的等待? 我们要用我的这条规则, 就是在一只股票突破牛市第一年上面 3 美元之后再去买入该股, 或者在一只股票形成极低点之后的那年再进行买入。

这只股票在 1920 年和 1922 年的最高点都是 22 美元, 所以就一定要等着该股涨过第一年的最高点也就是 25 美元之后, 才可以认为该股要展开大幅度上涨。1922 年~1924 年的时候, 该股多次涨到了 22 美元~24 美元, 就是没有涨到 25 美元。1925 年 7 月~9 月, 该股的最低点是 14.75 美元。10 月, 该股反弹到了 21 美元。11 月, 该股回调到了 15 美元, 这个最低点就是该股在展开大幅度上涨之前的最低点。1925 年 12 月, 该股变得活跃了, 成交量也慢慢增加, 这往往就是大规模上涨展开的标志。该股涨到了 25 美元, 突破了 1920 年到那时全部的阻力，这个位置就是个买点，之后这只股票就再没回调到22美元。该股的大趋势向上运行，在1928年11月的时候，该股涨到了179美元，形成了最高点，上涨164美元用时3年。该股进行了6年的收集，出现这样的涨幅是正常的。收集所用的时间越长，其涨幅也就会越大。这个规则一样可以用到那些很多年在最高点进行派发的股票，但千万别忘记，很多的股票都会形成尖顶，派发和抛售都是发生在下跌的时候。1928年11月，该股形成最高点之后，走出了一个尖顶，之后展开了快速下跌，大趋势反转向下运行，然后进行分红。1929年11月，新股跌到了39美元。要留意一下，1926年11月形成的最低点就是39美元，所以，该股在这个位置被支撑住，我们要在这里买入该股，止损位置放在36美元。1930年3月，该股反弹到了59美元。

三十年代美国经济危机期间，洛杉矶街头

蒙哥马利沃德百货（Montgomery Ward）——这只股票是一只后期龙头股。1920 年~1922 年，这只股票已经 3 年都在 12 美元附近形成最低点，这 3 年里，该股的最高点都形成在 25 美元~27 美元。该股和珠宝茶具百货很像，不过该股涨得更早。1924 年 5 月，该股在这个月的波动范围都是 1 美元，最低点是 22 美元，最高点是 23 美元。这就表示该股已经极为不活跃，这时买方和卖方的力量一样大，怎么交易都不会有赚钱的空间。在一只股票这样不活跃的时候，之后一定会出现大波动。

1924 年 6 月，这只股票展开上攻，成交量增加，涨到了 29 美元，这个位置比前 3 年的最高点都要高，这就是个买点，之后就是大幅度上涨了。1925 年 12 月，该股涨到了 84 美元，形成了最高点。1926 年 5 月，该股跌到了 56 美元。之后的几个月时间里，该股进行收集。1927 年 8 月，大趋势继续向上运行。后面的 73 美元是买点。1927 年 11 月，该股突破了 1925 年的最高点 84 美元，当月涨到了 112 美元。1928 年 11 月，该股涨到了 439.875 美元，形成了最高点。1927 年 2 月，该股形成了最低点 60 美元，之后再没有过比前一个月的最低点低的情况。这就表示该股的大趋势一直是向上的，我们要在其上涨的时候一直加仓跟进。在该股涨到了 380 美元的时候，趋势才反转向下。1928 年 11 月形成最高点之后，展开了一次快速下跌，这使大趋势向下了。之后该股进行分红，1929 年 1 月和 2 月的时候，新股遇到了阻力，在 156 美元的时候受阻。之后该股继续下跌，1930 年 1 月 15 日的时候，该股跌到了 38.625 美元，形成了最低点。之后在 1 月 31 日反弹到了 48 美元。在 3 月 24 日的时候跌到了 38.25 美元，这个位置只比 1930 年 1 月 15 日的最低点低了 0.375 美元。

分析该股在 1929 年 10 月 24 日~1930 年 3 月 31 日，在最高点和最低点时的运行和该股的成交量非常关键。1929 年 10 月 24 日，是 10 月华尔街首次恐慌的时间。该股跌到了 50 美元，日成交量是 33.8 万股，这是该股从 138 美元跌下来之后最大的日成交量。10 月 25 日，该股展开快速反弹，涨到了 77 美元，日成交量是 16.6 万股，只到了前一天下跌时成交量的 1/2 左右，表示在反弹时的买方力量没有抛售那天的大。之后该股展开了下跌，10 月 29 日，这天华尔街发生了大恐慌，该股跌到了 49 美元，日成交量是 28.5 万股，而这个最低点只比 10 月 24 日的最低点低 1 美元，表示该股在这里被支撑住，该股要上涨了。之后该股展开了快速反弹，10 月 31 日，该股涨到了 79 美元，日成交量是 13.8 万股。该股并没有突破 10 月 25 日的最高点上面 3 美元，在最高点的时候成交量很少，表示这个位置没有大量买盘，所以就要抛售该股并转为做空。

1929 年 11 月 13 日，在大部分股票都下跌时，该股又跌到了 49 美元的最低点，这和 10 月 29 日的最低点一样，日成交量是 11.2 万股。这次是该股第三次在这个位置形成最低点了，而且成交很少，表示该股的抛售已经完成了。12 月 9 日，该股涨到了 67 美元，日成交量是 14.1 万股。要再涨 10 美元才能够到上次反弹的最高点，而且上涨时的成交量非常小，表示买方的力量很小，大趋势还是向下的。12 月 20 日，该股创出新低 43 美元，日成交量是 32.3 万股，这是 10 月 24 日之后的最大的日成交量。创出新低表示该股很弱，抛售再次开始。12 月 31 日，该股反弹到了 50 美元，日成交量是 4.8 万股。这次反弹的力量很小，成交量也小，表示买方的力量很小。这个最高点和之前 10 月 24 日、29 日和 11 月 13 日的最低点在一个位置，所以之前的支撑成了现在的卖点了。1930 年 1 月 15 日，该股创出新低 38.625 美元，日成交量是 30.7 万股。这就是巨大的抛售引起的，表示大量的止损被执行。这个时候就要小心了，1925 年 3 月，该股就是从这里展开上涨的，所以在该股跌到了 38.625 美元的时候，还差 0.625

美元就到了起涨点下面 3 美元的位置，表示这里有支撑，之后最少会展开反弹。1930 年 1 月 31 日，该股涨到了 48 美元，日成交量是 13.3 万股，并没涨到 1929 年 12 月 31 日的最高点。这就表示买方的力量还不能让该股上涨到更高的位置。之后要留意的位置就是最终的最高点 50 美元了。假如该股可以突破 50 美元这个位置，涨到 53 美元，就表示该股还要上涨。但该股并没能涨到这个位置，2 月 14 日的时候，该股跌到了 43 美元，日成交量为 5.5 万股。这就说明该股的抛售暂时结束了，形成上移的最低点的事实表示该股要展开反弹。3 月 3 日，该股涨到了 48 美元，日成交量是 19 万股。这个位置和 1 月 31 日的最高点一样，但没有突破这个最高点就表示该股很弱。因为这只股票之前在 50 美元形成过一次最高点，在 48 美元的位置形成过两次最高点，所以我们可以说，假如该股成功涨到了 51 美元，也就是比 48 美元的最高点多 3 美元，就表示该股还会上涨。3 月 3 日，该股开始下跌。3 月 24 日，该股跌到了 38.25 美元，成交量是 11 万股。这时就要和 1 月 15 日的行情进行比较，那时的最低点是 38.625 美元，成交量是 30.7 万股。在这只股票跌了 0.375 美元之后，成交量只有 11 万股，这就表示抛售盘非常少了，已经形成要展开反弹的位置了。3 月 28 日，该股跌到了 35.25 美元，成交量是 11.1 万股。这个成交量表示抛售结束了。

观察下以前大规模运行的起点很有意义。1924 年 8 月和 9 月，该股最后跌到了 34 美元。1924 年 10 月，该股的最低点是 35 美元。所以，35 美元左右就是买点，要设置止损在 32 美元。4 月 10 日，该股反弹到了 44.5 美元。假如该股可以涨到前面的最高点上面 3 美元的 51 美元，就表示该股要上涨了。这只股票是 1929 年牛市里的一只晚涨股，已经进行分红了，这就解释了这只股票为什么形成最低点会这样晚、为什么反弹力量很小。

西尔斯罗巴克公司（Sears Roebuck）——这只股票在 1921 年～1929 年牛市里是该板块中的一只早期龙头股。1921 年，该股从最低点 55 美元开始上涨，一直形成依次上移的顶部和底部。1926 年初，这只股票涨到了 241 美元，之后进行了分红。从这可以看出，该股就是只早期龙头股，在珠宝茶具百货大幅度上涨前就涨了 186 美元了。但珠宝茶具百货也是从 1921 年的最低点开始上涨，在 1928 年形成了最高点，共计上涨 176 美元。

1926 年和 1927 年，新股进行了收集，之后又展开了第二次牛市。1926 年 1 月，该股涨到了 59 美元，形成最高点。3 月，该股跌到了 44 美元。9 月，该股涨到了 58 美元，形成了最高点，但并没有突破 1 月形成的最高点。10 月，该股跌到了 50 美元。之后就在一个狭窄的区域内进行收集，一直到 1927 年 7 月。因为这只股票并没跌到 1926 年 3 月形成的最低点，就表示该股被支撑住了，之后会上涨。1927 年 7 月，该股向上突破了 60 美元，也就是 1926 年形成的全部最高点，这就是个买点。之后该股展开了快速上涨，之后的几个月里，该股形成的最低点从来没有比前一个月的最低点低过 3 美元，到了 1928 年 11 月，该股涨到了 197 美元，形成了最高点。这个顶部是个尖顶，之后展开了快速下跌。该股的大趋势反转向下运行了，1929 年 3 月，该股跌到了 140 美元。7 月，该股反弹到了 174 美元。7 月～9 月，该股在一样的位置形成了最高点，这就表示在这个位置的抛压非常大。9 月，该股的大趋势又反转向下运行，11 月，该股跌到了 80 美元。12 月，该股反弹到了 108 美元，然后又跌到了 83 美元，形成了最低点，这个最低点比前面的要高，表示该股的支撑很好。从这个位置展开了反弹，1930 年 2 月，该股涨到了 100 美元。4 月，该股跌到了 81 美元，但这并没跌破 1929 年 11 月形成的最低点，这就表示这是个买点（图 13）。

伍尔沃斯（Woolworth）——1921年~1929年牛市里，这只股票是一只优秀的早期龙头股，也是一只优秀的晚期龙头股。1920年，该股形成了最低点，但很多别的股票都是在1921年形成的最低点。在熊市里，早早地就形成最低点，就表示该股之后就要成为牛市的早期龙头股。1921年，该股形成最低点105美元，这个最低点比前面的要高一些，这就表示该股很强势。1924年，该股涨到了345美元，之后进行分红。1924年，新股跌到了73美元，形成最低点。之后该股的大趋势向上运行，1925年10月，该股涨到了220美元。1926年1月，该股跌到了189美元，之后又涨到了222美元。但这并没超过以前最高点上面3美元，这就表示这只股票很弱，大趋势又反转向下运行。1926年5月，该股跌到了135美元，然后又展开上涨。1926年11月，该股涨到了196美元，形成了最高点，再次进行分红。1927年2月，新股跌到了118美元，形成了最低点，在这个位置被良好地支撑住，并且一直形成依次上移的顶部和底部，1929年7月，该股涨到了334美元，形成了最高点。之前在1929年4月，该股又进行了分红。1929年4月和5月，新股的最低点是85美元，之后就上涨了，1929年月，涨到了最后的最高点103.75美元，在这个位置的抛压非常大，该股展开了派发。10月上旬，该股的大趋势向下了，1929年11月，该股跌到了52.5美元。从这可以看到，这只股票是该板块里最好的一只，而在这不足2个月的时间里，该股跌了近50%。所以，就算是再优秀的股票，在大趋势看空的时候，或者恐慌的时候，也不可以持股。优秀的股票在恐慌中也会下跌，因为期望而持股的人会因此遭到巨大的损失。在该股的价格是52.25美元之后，在1929年12月的时候，反弹到了80美元。之后又展开下跌，1930年2月，该股跌到了60美元。1929年10月，这只股票跌破了95美元后，就要去做空它了。在它跌到84美元，这个比前3个月的最低点低的时候，就要进行加仓。

不要忘记我的交易规则，就算再优秀的股票也不会不能做空。在趋势向上的时候，不会因为价格涨到了多高而不能再买入；在趋势向下的时候，不会因为价格跌到了多低而不能再做空。想得到利润就要顺势交易，不能随心所欲。

糖类板块

这个板块是 1921 年 ~ 1929 年牛市里的一个没出现大幅度上涨的板块。1919 年和 1920 年春季，粗糖的价格是 26 美分每镑。之后，粗糖的价格每年都在下跌，其间有时展开了反弹。粗糖价格的下跌，让很多家糖业公司的利润很低。另外，战时糖价很高，这些公司都花费高价购买了种植园，所以在糖价下跌的时候，这些种植园影响了公司的巨大利润。1920 年，粗糖就开始从最高点不断下跌，1930 年的时候跌到了 1.75 美分每镑。1919 年 ~ 1920 年牛市里，该板块的股票运行很慢，一部分股票在 1920 年春季形成最后的最高点，之后展开了快速下跌。

美国甜菜糖（American Beet Sugar）——1921 年 6 月，这只股票的最低点是 26 美元。1922 年 8 月和 1923 年 2 月。该股的最高点是 49 美元。抛压在这个位置非常大，1923 年 8 月，该股跌到了 25 美元，这个位置比 1921 年的最低点要低，表示这个位置的支撑很弱，大趋势还要向下运行。但这个位置是反弹的位置。1924 年 2 月，该股涨到了 49 美元，这个位置和 1922 年和 1923 年的最高点一样，但没有突破这个位置就表示该股非常弱，要去做空它。之后，该股每年都下跌，1929 年 12 月，该股跌到了 6 美元，形成最低点。

美国精制糖（American Sugar Refining）——1921 年，这只

股票的最低点是 48 美元。1922 年 9 月，该股的最高点是 85 美元。1924 年 10 月，该股跌到了 36 美元。1927 年 9 月，该股涨到了 95 美元。1928 年 2 月，该股跌到了 55 美元。1929 年 1 月，该股涨到了 95 美元，这个位置和 1927 年的最高点在一个位置，因为并没能突破这个位置，表示该股很弱，要做空它。1929 年 11 月，该股跌到了 56 美元，形成了最低点，这个位置比 1928 年的最低点多 1 美元，该股在这个支撑位被支撑住。1930 年，该股反弹到了 69 美元。

古巴蔗糖（Cuba Cane Sugar） —— 在别的股票上涨的时候，这只股票却是每年都下跌，在 1929 年该股被清算管理人接管。

庞塔·阿列格糖业公司（Punta Alegre Sugar） —— 1921 年～1930 年，该股是这个板块中很弱的一只股票，它与南波多黎各糖业（South Porto Rico Sugar）恰恰相反。（图 16）1920 年 4 月，这只股票在 120 美元的位置形成了最高点，之后就开始下跌。1921 年 6 月和 10 月，该股跌到了 25 美元，形成了最低点。1922 年 1 月，该股反弹到了 53 美元。11 月该股跌到了 42 美元。1923 年 4 月，该股涨到了 69 美元。7 月，该股跌到了 42 美元。要留意一下，这个位置和 1922 年 11 月形成的最低点在同一个位置，所以这个位置就是支撑位，该股将会反弹。1924 年 3 月，该股涨到了 67 美元，这并没有突破 1923 年 4 月形成的最高点，表示该股要下跌了。1924 年 12 月，该股跌到了 38 美元。1925 年 1 月，该股反弹到了 47 美元。1925 年 7 月和 10 月，该股跌到了 33 美元，形成了新低，表示该股还会下跌。1926 年 2 月，该股反弹到了 47 美元，这个位置和 1925 年 1 月形成的最高点在同一个位置，该股没能突破这个位置表示它要下跌。1926 年 4 月～7 月，该股跌到了 33 美元，形成了和 1925 年在同一位置的最低点，在这个位置止跌表示这个位置起到了支撑的作用，该股后面要展开反弹。1926 年 12 月，该股反弹到了 49 美元，这没有突破 1925 年和

庞塔·阿列格糖业公司 1919年～1930 年年线走势图

图 16

1926 年的最高点之上 3 美元，这表示该股大趋势还是看空，我们要做空这只股票。1927 年 10 月，该股在 27 美元的位置形成了最低点。1928 年 1 月和 5 月，该股反弹到了 35 美元，这次反弹很弱，所以大趋势还是向下的。1929 年 6 月，该股跌到了 15 美元。7 月，该股反弹到了 22 美元。之后大趋势还是看空，该股的价格慢慢下跌，1930年 4 月，该股创出历史极低点 3 美元。经过比较能够发现，我们在做多南波多黎各糖业的时候，要做空该股，这样就可以在一个板块里的两个趋势相反的股票中赚到钱。时刻遵守这条交易规则，在一个板块里，不能按照一只股票的趋势去交易另一只股票，除非它们各自的趋势都是同一个方向。

南波多黎各糖业（South Porto Rico Sugar）——这只股票是这个板块中最特殊的。在别的股票下跌的时候，这只股票却在上涨。（图17）这表示该股每年都是强势的。

1921年，该股的最低点是26美元。1922年3月，该股的最高点是57美元。1922年12月，该股的最低点是33美元。1923年3月，该股的最高点是64美元，形成了上移的顶部和底部。1923年8月，该股的最低点是39美元，这个最低点比前面的要高，表示该股后面要上涨。1924年3月，该股的最低点是95美元。1924年10月，该股的最低点是58美元。1925年，这只股票在这个位置进行了大量的收集。1925年12月，该股突破了1924年形成的最高点95美元。之后展开了大幅度上涨。1926年2月，该股的最高点是147美元。1926年3月，该股跌到了最低点92美元，这个位置和1924年、1925年的最高点在一个位置，表示这个位置的支撑很好。之后，该股继续上涨，1927年5月，该股涨到了最后的最高点197美元，展开了派发，还进行分红。1928年2月，新股的价格是33美元。5月和6月，该股反弹到了49美元。1929年12月，该股跌到了25美元。这只股票形成的顶部和底部依次上移，在别的同板块股票形成依次下移的顶部和底部的时候，这只股票却形成依次上移的顶部和底部。这就证实了我的交易规则，就是要去买入一个板块里最强势的那只股票，做空最弱的正在下降趋势中的股票。1921年～1929年牛市里，买入这个板块中其他股票的人，一定是因为期待这只买入的股票会和南波多黎各糖业一样上涨，原因就是它们是一个板块的，所以这

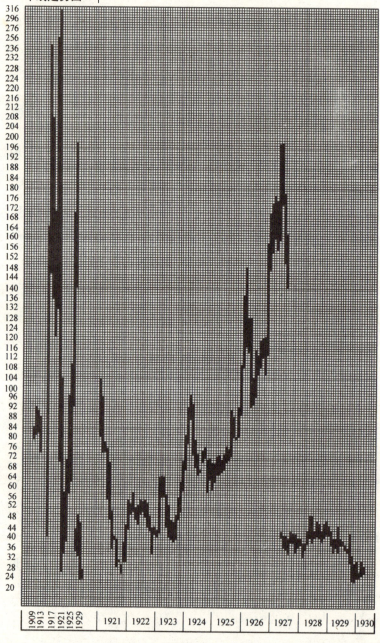

南波多黎各糖业
1909年～1929年
年线走势图

南波多黎各糖业
1921年～1930 年月线走势图

图 17

些人都承受了巨大的亏损，也失去了在别的强势股中挣钱的机会。

烟草板块

任何板块里都有最强势的股票和最弱势的股票。所以，我们最好有记录着每个板块中股票的走势图，来查看这些股票在最高点和最低点时的状况。一般情况，价格最高的股票是最强势的；价格最低的股票是最弱势的，它们还要下跌得更多。

美国苏门答腊（American Sumatra）——1918 年，这只股票的最高点是 135 美元。之后该股的趋势反转向下运行，每年价格都在下跌，1925 年 5 月，该股跌到了 6 美元。之后这只股票就被清算管理人接管了，并进行了重组。1926 年 4 月，新股从 15 美元附近展开上涨。1927 年 6 月，该股涨到了 69 美元。1928 年 2 月，该股跌到了 46 美元。8 月，该股涨到了 73 美元，形成了最后的最高点。之后该股的趋势反转向下运行，1929 年 11 月，该股跌到了 18 美元，这个位置和 1926 年 4 月形成的最低点差了不足 3 美元，这个位置就是个支撑位，之后该股展开反弹，1930 年 2 月，该股反弹到了 26 美元。1930 年 3 月，该股跌到了 16 美元。

雷诺烟草"B"（Reynolds Tobacco "B"）——1921 年，这只股票是这个板块里最强势的一只，其他 1921 年～1929 年牛市里也是这样的。1920 年和 1921 年，这只股票正在进行收集，所以该股就是这个板块里最应该买入的。1920 年 12 月，该股的最低点是 29.5 美元。1921 年 1 月，该股的最低点是 31 美元。之后这只股票就从来没有跌破这个位置。1921 年，该股在一个狭窄的区域内波动，进行着收集，而且顶部和底部依次上移。1922 年初，这只股票展开了上涨，其间只发生过小幅度的回调，1927 年 12 月，该股涨到了 162 美元形成了最高点。1928 年 4 月，该股跌到了 128 美元，在这个位置又进行了收集。1928 年 11 月，该股形成了最后的最高点 165 美元，这个位置比 1927 年形成最高点多 3 美元，之后该股进行分红。该股的大趋势反转向下，1929 年 11 月，它跌到了 39 美元。这个最终的最低点和 1922 年 1 月形成的最低点在一个位置，之后该股从这个位置展开了上涨，这个位置是个支撑位，我们要做多该股，止损放在 36 美元。1930 年 3 月，该股反弹到 58 美元。从这可以看出，为何在这只股票上涨几年以后，在较高的价格做多还可以赚到钱，就是由于这只股票还是强势的。

第 8 章

今后的股票

1923 年，在我写《股价的秘密》这本书的时候，我写过：在今后，航空、化工和无线电板块将有非常大的潜力。现在，我的预测成功了，这些板块的股票都有了最大的上涨幅度。

电力板块（Electric Stocks）——现在是电力的时代，在今后，电力板块的股票会成为绩优的龙头股。电力被全部商业、制造业和家庭所使用。年年都会发明出很多新电器。而对于铁路公司，电力在慢慢替代蒸汽，因为电力的发展，电变得越来越廉价，电力的应用范围将会很大。所以，制造任何电产品的公司都会繁荣，其股票也会被关注。

航空板块（Airplane Stocks）——航空业目前正在初期，今后几年的发展会非常迅速。在恰当的时机，买入正确的该股板块的股票会得到大量的利润。

化工板块（Chemicals）——化工业正在发展，这个行业的新发现使很多化工股成为龙头股，也会有非常好的交易机会。

无线电板块（Radio and Wireless）——该板块的股票与那些和无线电及电视有关的股票在今后几年会非常繁荣，管理优秀的公司的利润会加大，其股票的价格也会随之上涨。

娱乐板块（Amusements）——电影行业的发展非常迅猛，不容置疑，管理优秀的公司在今后的收益会非常之大。

天然气板块（Natural Gas）——关注那些有天然气的石油公司和那些使用天然气为原料制作产品的公司。这些公司未来的发展会很好，利润非常大。

但别忘了，在任何板块里，都会有强势股和弱势股。所以，在交易的时候，要买入那些上升趋势中的强势股；要做空那些下降趋势中的弱势股。

航空板块

这个板块中的股票已经让那些在恰当时机做多或做空的交易者得到了大量的利润，而且仍然买入该板块的股票还能得到更多。

寇蒂斯 – 莱特公司（Curtiss-Wright）——在这个行业里，有两家大公司，一家是莱特公司，一家就是寇蒂斯公司。1921 年 8 月，寇蒂斯形成了极低点 1.125 美元。之后在 1928 年 5 月涨到了 192.75 美元的极高点。之后寇蒂斯和莱特公司进行合并。莱特兄弟造出了美国第一架飞机，还成功地进行了第一次飞行。1922 年 1 月，寇蒂斯跌到了极低点 6 美元。1929 年 2 月，涨到了 299 美元，上涨了 293 美元用时 7 年，这些上涨大部分都发生在 1927 年和 1928 年。（图 18）我建议可以在该股 8 美元开始一直加仓跟进该股。寇蒂斯公司和莱特公司进行合并以后，寇蒂斯 - 莱特公司的股票在 1929 年 7 月和 9 月涨到了 30 美元，形成了最高点。1929 年 11 月，该股跌到了 6.5 美元，这个位置比莱特公司在 1922 年形成的最低点多 0.5 美元。1930 年 4 月，该股反弹到了 15 美元。我觉得该股是最好的航空股，原因就是该股是由这个行业里历史最悠久的两家公司合并而成的，

莱特航空 1921年~1930 年月线走势图和年线走势图

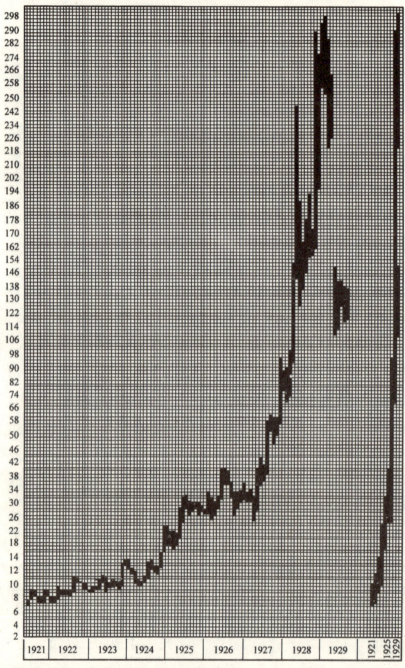

图 18

这两家公司以前都辉煌过,今后一定还会。这只股票要在回调时买入。

联合航空与运输(United Aircraft & Transport)——花旗银行控股该公司,目前该公司正在盈利,1929 年的时候,该公司的盈利非常好。1929 年 3 月,该股的价格是 67 美元。1929 年 5 月,该股涨到了 162 美元。这只股票在早期涨得太猛了,1929 年 11 月的时候,该股跌到了 31 美元的最低点。1930 年 4 月,该股涨到了 99 美元。不容置疑,这只股票今后几年还能大幅度上涨。我觉得该股是今后要留意的,要在回调的恰当时机买入(图 19)。

福克航空公司(Fokker Aircraft)——这家公司被通用汽车控股。它的管理非常好,今后几年的盈利一定非常好。1928 年 12 月,该股跌到了 17 美元,形成最低点。1929 年 5 月,该股涨到了 67 美元。1929 年 10 月,该股跌到了 8 美元。1930 年 4 月,该股反弹到了 34 美元。和制造与销售汽车一样,在制造飞机方面也会成功。这家公司在航空行业,是其他公司最强的对手,买入这家公司的股票,也要在回调的恰当时机。

本迪克斯航空公司(Bendix Aviation)——这只股票也是一只很好的航空股。1929 年 8 月,该股价格是 102 美元。11 月,该股跌到了 25 美元。1930 年 4 月,该股反弹到了 57 美元。这只股票潜力很大,我们要关注它,在恰当的时机买入。

国民航空与运输(National Air & Transport)——这家公司也是很好的,我们要留意该股,寻找做多的恰当时机。这家公司一定会和别的优秀的公司进行合并。

航空业的发展非常快,它们有巨大的资金支持着。随着新发现和新发明的增加,该行业最大的公司会得到这些,然后通过它们走向辉煌。在今后几年里,该行业会进行很多合并和收购。现在,这个行业里最优秀的三家公司是寇蒂斯 - 莱特公司、联合航空与运输和

联合航空与运输 1929 年～1930 年月线走势图和周线走势图

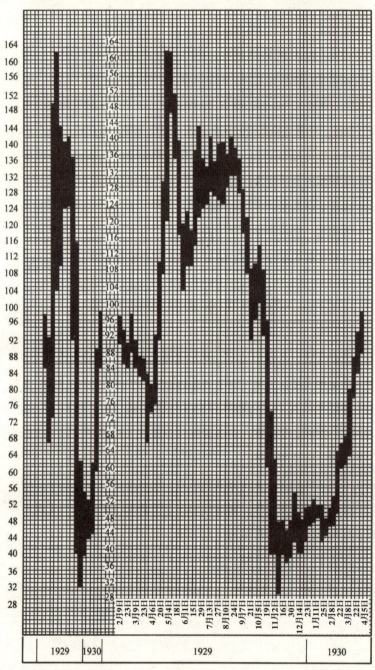

图 19

福克航空公司。制作纽约场外股票交易所和纽约证券交易所的各家航空公司的股票走势图，然后分析和研究它们，就能从这些股票中赚到钱。

注意股票今后的机会

大家经常会买入一些价格很低的股票，然后等着这些股票展开大幅度上涨。我们要去制作这些股票的走势图，在走势图显示出开始运行的时候，往往都显示出了能够让我们得到很多回报的机会。这 就 和 1915 年、1917 年、1920 年~1921 年 和 1923 年~1924 年，伯利恒钢铁、熔炉钢铁、通用汽车、国际镍业、宝石茶、蒙哥马利沃德、帕卡德、美国铸铁管和莱特航空那样，等它们突破收集的区域，变得活跃而且成交量增大的时候，就马上买入它们。

下面说的这些股票在今后是要多加注意的，我们要制作出这些股票的年线和月线走势图，只要它们突破了阻力位，表现出看多的趋势，就要立刻买入做多。一些股票会表现得很出色，还会成为活跃的龙头股。

美国农业化工、美国甜菜糖业、美国拉法朗士紧急装备、美国船运与商业、美国毛纺、奥斯丁·尼克尔斯（Austin nichols）、特拉华州航空公司（Aviation Corporation of Del.）、布兹渔业（Booth Fisheries）、大陆汽车（continental Motors）、联合纺织、芝加哥·密尔沃基·圣保罗（Chicago, Milwaukee and St. Paul）、芝加哥人西部铁路（Chicago Great Western）、多姆矿业（Dome Mines）、电船公司（Electric Boat）、费斯克橡胶（Fisk Rubber）、大西部糖业（Great Western Sugar）、通用食品、格雷斯比·格鲁诺（Grigsby Grunow）、家荣华（Kelvinator）、凯利·斯普林菲尔德、克瑞斯吉百货公司

（Kresge Department Stores）、Lee 橡胶（Lee Rubber）、穆林斯制造（Mullins Manufacturing）、中陆石油（Mid-Continent Petroleum）、月亮汽车、纽约气闸（New York Air Brake）、墨西哥国家铁路（National Railways of Mexico）、潘汉德尔制造（Panhandle Producers）、纯油（Pure Oil）、雷诺兹·斯普林斯（Reynolds Springs）、标准品牌（Standard Brands）、纽约标准石油（Standard Oil of New York）、高级石油（Superior Oil）、泛大陆石油（Transcontinental Oil）、德州太平洋煤炭与石油（Texas Pacific Coal and Oil）、美国橡胶、沃德烘焙、威尔逊公司（Wilson & Co.）。

美国橡胶的未来

美国橡胶公司是橡胶行业里最大的一家制造公司。1929 年初，杜邦公司得到了这家公司的大部分股权。1929 年恐慌的时候，该股跌到了 1907 年之后的最低点 15 美元。依照其走势图，我觉得这只股票的潜力非常大。我非常相信杜邦公司也相信这家公司很有潜力，这就和 1921 年的通用汽车一样，不然杜邦公司也不会对它进行投资。我们要去制作该股的走势图关注这只股票。只要走势图显示出该股的趋势看多，就马上买入，并且依照走势图对其进行加仓，一直跟进该股。

J.P. 摩根和杜邦这样的人不可能在买入一只股票之后在短时间里抛售。他们买股票就是想进行长线投资，也是为了得到该公司可能分配的大量的分红。通过 1930 年 3 月我写这本书时该股的价格看，它很可能是这个价格区间中最好的一只股票了。我的意思不是该股不会下跌，而是在这个价格附近买入的股票，该股得到利润的可能要大于其他的股票。

第 9 章

今后的情况和发展

江恩 华/尔/街/选/股/智/慧

股票买入过度

树立起大家对股票的信心，一定要花费相当长的时间，但只要某个板块或某只股票得到了大家的信息，就会被买入过度。过于乐观和自信就会过度交易和过度买入，这样的情况一出现，内部人士就会抛售他们长期持有很长时间的股票了。

南北战争之前，铁路板块就是这样的，一直在下跌，到了1983年～1986年，大部分该板块的股票都被清算管理人接管了。之后就进入"重建时期"和"麦金莱繁荣时代"。铁路板块再次得到大家的信心，展开了大幅度上涨，1906年形成了最高点。1907年恐慌开始，该板块快速暴跌。1909年，该板块又重拾涨势，但没能涨到前面的最高点。大家在最低点和下跌的时候买入过度。之后该板块展开了下跌，1917年和1921年，形成了最低点。

现在的汽车板块也是这样的情况。大家在1915年和1916年该板块大幅度上涨的时候对这个板块的信心十足，1919年又展开了大幅度上涨。1924年～1929年的时候，大家买入这个板块的数量比以前买入任何板块都要多出很多。所以，该板块也严重地过度买入，大部分汽车公司的价值都被高估。这些公司进行了分红，还增加了股票的数量，所以这些公司在之后的几年萧条期就无法再进行分红。所以，要在下一次去做空这个板块。

公用事业板块也是这个情况。几年前，这个板块涨得非常快，这些公司的收益也保持增长，所以在 1924 年～1929 年的时候，大家进行了大量的买入。这些公司在之后的几年里，要不停地接受不利的法律和被政府调查。大部分情况下，这些股票的价格都在高位，所以就算政府不采取对它们不利的措施，这些股票也都是要下跌的，所以大家去做多它们，而内部人士在做空，股势很弱，所以下跌的时间会很长。

生产与消费

注意生产情况十分关键，原因就是生产过多是一直存在的，特别是在繁荣的时候、牛市的最后阶段和繁荣的最后阶段。在繁荣的最后阶段，商人都会非常乐观，期望着今后会有比现在情况更多的消费出现。在生产大于消费的时候，价格就会下跌。在长期熊市或者长时间萧条期之后也是这样的情况，商人会很消极，对大家实际的消费和需求情况预测过低，引起了价格上涨，原因是生产小于消费。在生产比消费多并且接近最高点的时候，竞争的情况会非常之激烈，结果就是日用品或者机器品的价格都会下跌。股市会提前反映出这全部的情况。

投资信托公司

1921 年～1929 年牛市的最后阶段，大家开始关注美国的投资信托公司。按照估计，1929 年 1 月 1 日～9 月 1 日，大家投入 40 亿美元~50 亿美元给了投资信托公司。1929 年 7 月和 8 月时发生的最后的快速上涨，一大部分就是因为投资信托公司的买入。这些新成立的投资信托公司可以很容易地从大家手里收集到资金，所以他们冲到市场中去买入股票，不需要去考虑价格是高是低，也不需要去考虑牛市持续了 8 年。他们在最高点去买入，再加上那些空头们的回补和大家的买入，一起将市场带到了不合理的位置，甚至公司不能进行分红，公司的盈利情况都不能支撑其价格。的确，投资信托公司并没想到之后要出现的恐慌，它们继续带着自己的期望拿好手中的股票，结果就是很多家公司的资金只剩下了 1/2 或者更少。

虽然有一些投资信托公司管理得很好，但大部分都是随便组成的小公司，它们没依照科学的方法在市场中操作，所以这些公司的业绩和那些没有确定交易计划的一般交易者基本是一样的。假如市场一直在上涨，那么这些公司就可以得到利润，因为它们只做多，不做空。但假如熊市运行了很多年，这些公司不仅仅连利息都赚不出来，还会亏掉大部分的本钱。所以，大家把自己的资金投给投资信托公司和自己买在顶部是一样的结果。1929 年夏季，投资信托公司的买入使得很多大财团得以成功进行抛售，使大财团在这个无法想到的可以抛售的高位去抛售。在今后几年，一定会有非常多的投资信托公司倒闭。其股票的价格就会下跌，当大家都失去耐心的时候就会抛售其股票。这就会让这些公司抛售出它们在高价买入的股票。

想要做多投资信托公司股票的投资者或者交易者都要进行再三考虑，也一定要在买入之前进行考察和分析，原因就是很少有投资信托公司可以成功，特别是在今后的时间会展开一次时间很长的熊市。而在这些公司开始抛售的时候，投资者也会因为恐慌而抛售，这就造成了投资者的恐慌。

合并和重组

1924 年，开始了合并和重组，这次合并和重组是世界历史上最大的一次。为了知道这次合并和重组的重要性和这次股票暴增的结果，我们一定要回过头去看看 1899 年～1902 年的历史，那时美国钢铁公司刚成立，那时该公司发行了 500 万泡沫普通股。美国熔炼信托公司（American Smelting Trust）、联合铜业（Amalgamated Copper）和别的一些大公司也是在这个时候成立的。大家持有的都是一些不分红的泡沫股。1903年～1904 年展开了下跌。之后又出现新的投机活动，1906 年最为疯狂。1907 年，开始了真正的恐慌，用 3 年～5 年攒起的利润在几个月的时间里就没有了。这次暴跌是什么引起的？大家持有的是泡沫股，股本增加的同时不去进行分红；银行被贷款影响，货币恐慌紧随其后。

假如我们想到之前几年进行的合并和重组，并且总股本的大量增加，就很容易得出这些公司在至少两年的萧条期不会进行分红的结论。如果这个萧条期会持续 5 年～7 年，会怎么样？对所有人来说，得不到收益的股票就是没价值的，而股票的价值就是卖出之后得到的钱。其实，假如一只股票在 1929 年的价格是 400 美元，而 1931 年的价格是 200 美元，那么这只股票对于投资者就是没任何意义的，他的钱已经没了一半了，只能眼看着别人愿意在什么价格去接受他持有的股份。大家往往都在期望着那些不会出现的情况，他们会期望一家公司得到 1000 万～2000 万的股票分红的股息和 500 万～1000 万一样，在长期内这都不能实现。所以就会开始长期地抛售，之后就会展开暴跌或者恐慌，这就会让无数投资者变成穷光蛋，这些人抱着期望一直持股，但最终要抛售已经太迟了。聪明的人会尽早抛售，然后等着下个机会。安全总会比后悔要强，拿好自己的钱，就算得不到分红，也比损失一半要好很多。最多的亏损一般都是自己的期望太多了，太乐观了。不容置疑，乐观的人是繁荣的时候最大的威胁；悲观的人是平衡论者，我们要去警告。"悲观者和乐观者的区别很有趣，一个是看见了圈饼，一个是看见了黑洞。"这时我们就需要一个可以看见投资者的笔记本上将要形成黑洞的人，假如投资者还看到圈饼，而对于黑洞的存在不去理会，那么黑洞就会真的出现。而我们很容易被黑洞拉进去。要多注意这个黑洞，它是一直存在的。

清偿债券

　　1929 年秋季，股市的抛售让货币市场准备好去接受大面值的债券。我写这本书的时候，短期存款利率是 2% 左右。银行家和债券经纪人正等着国家发售欧洲的清偿债券。然而，我并不建议去买入它，但假如真的发售它，也是会有几十万人去买入。而这样就会花费大量的资金，之后这笔资金会被冻结。只要欧洲又发生了危机或者发生战争，债券的价格就会下跌，甚至会被拒绝支付。一定要牢记，在华尔街和金融游戏里，会发生任何事，所以一定要准备好意外事情的应对办法。大家都给欧洲各国投了几十亿了，假如这样的事真的又发生了，投资者很可能会损失全部的本钱，或者说至少一部分，他们会抛售持有的债券。这是非常可能的，这就会引起恐慌和萧条，让各行业亏损。假如巨大的清偿债券发售，我们的资金就会流到外国，之后就会影响美国的货币市场，而利率会随之增加。

投资者的恐慌

大概每 20 年就会出现一次股市恐慌或者经济萧条，其原因都是因为投资者在低位抛售股票。原因就是市场长期下跌和投资者失去了信心。购买力持续下降和投资者的抛售，让价格越走越低，直到银行向绩优股进行催款，最后的结果就是急速暴跌和跳空。这样的情况发生在 1837年 ~ 1839 年、1857 年、1873 年、1893 年、1896 年、1914 年和1920年 ~ 1921 年。1929 年的恐慌并不是由于投资者引起的，是因为赌徒引起的。

各种的原因引起了各种的恐慌，但其背后真正的原因就是货币市场。经济繁荣的时候，银行的贷款过多，所以就让借款的人抛售股票，这就引起了恐慌。大部分银行家在长期繁荣之后会非常乐观；而在长期低迷和萧条后就会非常悲观，所以不敢发放贷款。其实，不仅仅不会发放新贷款，还继续去催讨贷款，这就让情况更加严重。而且媒体方面也推波助澜，它们知道大家喜欢听乐观的东西，所以就夸大繁荣；在转势时，它们又会夸大不好的情况。

的确，在全部恐慌期，有的经纪人和银行家早就发现了恐慌的脚步，它们知道要发生什么事情了，但他们不会去告诉客户这些。所以，投资者就要停下，查看和听取意见。他们一定要独立思考问题，不可以靠银行家或者经纪人告诉他们退出的恰当时机，历史证明了那些人在紧要关头的时候给的建议是不可靠的。

快要到来的投资者恐慌会是历史上规模最大的一次了，原因是现在美国最少有 1500 万 ~ 2500 万投资者，这些人持有着一些绩优股，只要他们在熊市的几年后开始恐惧，那么他们就会抛出持有的股票，这个抛压将会是非常可怕的，没有任何买方的力量能阻挡。因为股票被分布在大家的手中，所以在 1929 年恐慌后，大家都觉得不会再有恐慌了，但外表很强势就是弱势的特点。大家以前不是市场的领导者，永远不会。原因就是大家很容易被期望和恐惧所影响。假如股票被少数专业人士持有的话，那么投资者和国家都会变得非常安全。假如持有股票的人就上百万且无组织、无领导的人的时候，情况就会更加糟糕。在于事无补之前，那些精明的人就会进行抛售；而大家就会抱着期望继续持有，在大家都恐慌而且没有买盘的时候，就会让市场恐慌，这就是 1929 年恐慌形成的原因，那时投机的人和赌徒都开始恐惧了，一起进行抛售。

投资者对金钱的贪婪会诱发下一次恐慌，还可能诱发下一次战争。"战争就是地狱！"大家也许会问，战争对股票的影响是什么？战争往往会引起市场的恐慌。假如战争到来，那么股市的恐慌马上就会到来，而股市出现的恐慌也是可以引起战争的。大家往往会误解一个论点或者叙述错误。其实，历史证明了对金钱的渴望和对权力的渴望就是每一场战争的根源。人类对金钱的渴望就是之前引起金融危机和经济大萧条的根源，将要发生的恐慌会变成历史上最大的一次，就是因为美国资金的供给量是从来没有过的，非常之多，所以就会有更巨大的资金流入股市。只要大家看到账户的钱在缩水，那么就会尽全力不择手段地弥补亏损。

《罗宾股票操盘手实盘班》

　　罗宾股票操盘手特训的内容是根据罗宾老师及其团队的多年实战经验，同时结合国内股票市场行情特点而打造的特色课程。罗宾股票课程注重实战经验，而不是泛泛其谈的教条式教学。不管您是初学还是老手，在我们的课程中都会让您在交易技术和经验上有质的飞跃！

课程精要：

1. 牛市与熊市的识别技巧
2. 大盘指数的分析技巧
3. 炒股亏损的原因
4. 摒弃散户思维
5. 板块选择的技巧
6. 选股的技巧
7. 数浪的技巧
8. 趋势线的实战应用
9. 通道线的实战应用
10. 黄金分割的实战应用
11. 多周期结合交易实战应用
12. 捕捉个股的起涨点

13. 捕捉牛股的主升浪
14. 稳定获利的买点
15. 落袋为安的卖点
16. 成交量的实战应用
17. 牛市中的操盘技巧
18. 熊市中的操盘技巧
19. 金字塔仓位管理法
20. 止损的技巧
21. 交易纪律与执行
22. 心态管理法则
23. 风险控制策略

课程咨询电话：400-673-6158

联系人：杨老师

QQ：1416814011

《罗宾股票短线狙击手实盘特训班》

课程精要：

1. 短线狙击的盈利模式
2. 牛熊与指数分析技巧
3. 短线狙击亏损的原因
4. 短线狙击的看盘要点
5. 短线狙击的选股技巧
6. 概念题材炒作热点分析
7. 龙头股的识别技巧
8. 短线狙击的通道线技术
9. 短线狙击的成交量实战
10. 短线狙击的买入技巧
11. 短线狙击的卖出技巧
12. 涨停板分析技巧
13. 短线的多周期实战技巧
14. 短线的仓位管理技巧
15. 短线狙击的止损技巧
16. 短线狙击的交易纪律与执行
17. 短线狙击的心态管理法则
18. 短线狙击的风险控制策略

课程咨询电话：400-673-6158
联系人：杨老师
QQ：1416814011

《股票课程唐谷：发现强势股，天天小牛市》
课程简介

1. 特强凌弱：股市赢家的赚钱法宝
2. 超越大盘：强势股和大盘指数关系
3. 蜡炬成灰：古老蜡烛图（K线）的神奇作用
4. 多空有道：最有效的多空、牛熊判定指标
5. 指标之王：MACD指标操盘强势股绝招
6. 一线生死：掌控主力生死命脉
7. 量价互搏：量能是强势股的重要判定标准
8. 盘口乾坤：强势股盘口分析技巧
9. 猎杀龙头：强势股买入时机选择
10. 见好就收：强势股卖出时机选择
11. 留得青山：强势股止损方法

12. 玩转 T+0：强势股盘中买卖技巧

13. 牛股有道（一）：短线翻倍强势股选股技巧

14. 牛股有道（二）：中线翻 3 倍强势股选股技巧

15. 牛股有道（三）：长线翻 5 倍以上强势股选股技巧

16. 历史重现：强势股"股性"研判

17. 全仓龙头：强势股仓位控制要点

18. 强势心态：股市如此险恶，你要内心强大

19. 牛股基因：强势股案例详解

20. 股市箴言：近 20 年股市实战总结的散户守则

课程咨询电话：400-673-6158

联系人：杨老师

QQ：1416814011

《罗宾交易实盘培训之黄金外汇》课程介绍

课程精要：

1. 主力思维的重要性

2. 交易亏损的原因

3. 多周期分析技巧

4. 趋势与无趋势的识别技巧

5. 主浪与调整浪识别技巧

6. 标准数浪的技巧

7. 通道的形成原理与实战奥妙

8. 大通道的画法与应用

9. 小通道的画法与应用

10. 高概率通道战法的实战核心

11. 菲波的核心参数与技术应用

12. K 线技术的误区与核心

13. 共振的原理与实战技巧

14. 不同技术分析工具的共振

15. 不同周期级别买卖点的共振

16. 左侧交易与右侧交易优劣势分析

17. 消息面的筛选技巧

18. 止损的实战应用技巧

19. 心态管理与交易执行

课程咨询电话：400-673-6158

联系人：杨老师

QQ：1416814011

《罗宾量化趋势交易实盘培训》课程介绍

1. 道术法
2. 空杯心态
3. 交易亏损的六大原因
4. 多周期分析的必要性
5. 趋势交易的模式
6. 三周期波段交易
7. 态势位交易
8. 主力思维的转变
9. 趋势分类
10. 行情运行的节奏
11. 数浪
12. 主调识别
13. 趋势线的画法

14. 通道线
15. FIBO 工具
16. 研判趋势方向
17. 多周期（一）
18. 多周期（二）
19. 管理风险
20. 什么时候需要止损
21. 共振位置
22. 交易信号
23. 浮亏与浮盈
24. 确立如何交易
25. 量化理论

课程咨询电话：400-673-6158
联系人：杨老师
QQ：1416814011

《罗宾股指期货交易实盘培训》课程介绍

1. 股指期货盈利模式解析
2. 股指行情运行规律解密
3. 左侧交易与右侧交易
4. 趋势通道线画法与实战技巧（一）
5. 趋势通道线画法与实战技巧（二）
6. 画线实战训练
7. 黄金分割实战技术
8. 形态位置分析技巧
9. 辅助技术及指标解析
10. 日内交易操作技巧
11. 寻找最佳入市点

12. 寻找最佳出场点
13. 止损的设置实战应用
14. 仓位管理的实战技巧
15. 大盘指数分析技巧
16. 多周期实战要点
17. 画线与行情分析训练
18. 复盘练习训练
19. 实盘分析与实战训练
20. 实盘分析与实战训练
21. 盘后总结与座谈交流

课程咨询电话：400-673-6158
联系人：杨老师
QQ：1416814011